Franz von Reber

Album der Alten Pinakothek in München.

33 Bilddrucke alter Meister mit begleitenden Texten von 1908

SEVERUS Verlag

von Reber, Franz: Album der Alten Pinakothek in München. 33 Bilddrucke alter Meister mit begleitenden Texten von 1908. 2018
Neuauflage der Ausgabe von 1908
ISBN: 978-3-96345-032-7

Umschlaggestaltung: Annelie Lamers, SEVERUS Verlag

Bibliografische Information der Deutschen Nationalbibliothek: Die Deutsche Nationalbibliothek verzeichnet diese Publikation in der Deutschen Nationalbibliografie; detaillierte bibliografische Daten sind im Internet über https://dnb.de abrufbar.

Der SEVERUS Verlag ist ein Imprint der Bedey & Thoms Media GmbH,
Hermannstal 119k, 22119 Hamburg

SEVERUS Verlag, 2018
http://www.severus-verlag.de
Gedruckt in Deutschland

Franz von Reber

Album der Alten Pinakothek in München

33 Bilddrucke alter Meister mit begleitenden Texten von 1908

SEVERUS

EINLEITUNG

Es gibt in Europa nur wenige öffentliche Galerien, welche ihre Entstehung nicht auf souveräne Sammler zurückleiten. Denn wenn auch die Mediceer noch keinen Fürstenhut trugen, als sie zu sammeln begannen, so stand diesem Ziele ein Lorenzo Magnifico bereits nahe. Sonst ist der Sammlungserwerb von Madrid bis St. Petersburg ausgesprochen landesfürstliche Liebhaberei und manche Galerien, wie namentlich in Wien und St. Petersburg, haben den landesherrlichen Besitztitel bis auf den heutigen Tag bewahrt.

In Deutschland traten frühzeitig verhältnismäßig kleine Fürstentümer der Sammlertätigkeit des Kaiserhauses zur Seite. In voller Leistungsfähigkeit aber die Herzoge und Pfalzgrafen der wittelsbachischen Territorien, bei welchen es förmlich Tradition war, ihre Fürstensitze mit Meisterschöpfungen auszustatten. Der meiste und früheste Erfolg fiel in diesen Bestrebungen dem eigentlich bayrischen Stammlande zu. Freilich konnte in dieser Beziehung nicht viel geschehen vor dem Sieg der Renaissance auch nördlich von den Alpen, mit welchem sich die Lösung der Kunst aus dem vorher fast ausschließlich kirchlichen Dienst und das Aufblühen auch profaner Richtungen vollzog, weshalb wir auch in Bayern vor Herzog Wilhelm IV. (1508—1550) keinen Sammler finden. Und selbst da sind, abgesehen von den Bildnissen, den Historienbildern, auf welche es der herzogliche Sammler hauptsächlich abgesehen, alttestamentliche, christliche und legendarische Darstellungen beigesellt. Auch kam es dem Besteller mehr auf die Darstellung in lehrhaft anschaulicher und figurenreicher Komposition wie fleißig sauberer Durchführung an, als auf glänzende Meisternamen, so daß die Hauptmeister Dürer und Holbein jr., Baldung Grien und Grünewald fehlen und unter den beschäftigten Malern nur Altdorfer und Burgkmair als erstklassig gelten können, während G. Prew, M. Feselen, B. Beham, L. Refinger und die beiden Schöpfer minderwertig erscheinen.

Das Sammeln Albrechts V. (1550—1579), hervorragend in den unübertrefflichen Schaugeräten seiner Zeit, war in seinem Gemäldebestand noch weniger einwandfrei. Sein Streben nach Suiten von römischen Kaisern, Philosophen und Helden meist idealer Auffassung erscheint von wenig Rücksicht auf originalen künstlerisch höheren Ursprung getragen, und noch geringer, niedriger stehen in letzter Hinsicht die Bildnissammlungen von hingerichteten Verbrechern, von Mißgestalten und von bärtigen Jungfrauen, welche mehr in das Gebiet der Kuriositäten als in jenes der Kunst fallen. Von solchen Dingen ist natürlich, im Gegensatz zu der Sammlung Wilhelms IV., nichts in die Pinakothek gelangt, wenn auch drei wahrscheinlich von seiner Erwerbung herrührende Werke, Dürers Lucretia, Holbeins Bildnis des Bryan Tuke und Altdorfers Susanna dort verdientermaßen eine hervorragende Rolle spielen. (Vgl. F. R., das Ficklersche Inventar von 1598. Sitzungsber. der phil. und hist. Klasse der Münchener Akademie. 1902. I. 1903. I.)

Während Wilhelm V. (1579—1597), in Kirchengründungen, Kirchenschmuck und Kirchenmusik sehr erfolgreich, überhaupt nicht sammelte, war es Maximilian (1597—1651), dem ersten Kurfürsten von Bayern, vorbehalten, eine Gemäldesammlung nach rein künstlerischen Gesichtspunkten zu gründen. Da den größeren Teil seiner Regierung der dreißigjährige Krieg ausfüllte und seine Mittel in künstlerischer Richtung durch den berühmten Residenzbau sehr in Anspruch genommen waren, vermochte er allerdings seine Absichten in bezug auf die Gemäldesammlung nicht weitgehend zu betätigen, wie sehr er aber in retrospektiver wie in zeitgenössischer Richtung richtig sah und strebte, beweist, daß er sich ebensosehr für Dürer interessierte, wie für seinen Zeitgenossen Rubens. Die bezüglichen Dürererwerbungen sind, mit Ausnahme des 1627 in der Münchener Residenz verbrannten Hellerschen Altars wie der Dürerhälfte des Gebetbuchs des Kaisers Maximilian I., jetzt in der k. Hof- und Staatsbibliothek zu München, noch in der Pinakothek, und die Löwenjagd des Rubens erscheint selbst in unserer größten Rubenssammlung der Welt als ein Hauptwerk. (F. R., Kurf. Maximilian I. v. B. als Gemäldesammler. Abh. der Münchener Akademie. 1892.)

War dann Ferdinand Marias (1651—1679) Neigung mehr dekorativer Natur, und den Anschauungen seiner savoyischen Gemahlin entsprechend der italienischen Spätzeit zugewandt, so trat in seinem Nachfolger Max Emanuel (1679—1726) der feinsinnigste Gemäldesammler seiner Zeit auf, dem kein Opfer zu groß war, selbst wenn es über das Maß seiner Mittel in einer Zeit weit hinausging, die für Bayern und die Dynastie mindestens ebenso kritisch war, wie während der Drangsale des Dreißigjährigen Krieges die Zeit seines Großvaters. Er konnte es schon 1684 für nötig halten, ein Galerieschloß in Schleißheim zu erbauen, wozu er den Architekten Zuccali aus Italien berief. Doch nachdem der Bau 1701—1704 nur im Rohbau fertig gestellt war, mußte er zehn Jahre lang des spanischen Erbfolgekrieges und der Reichsacht des Kurfürsten wegen ruhen, worauf die Ausstattung und Ausmalung (Amigoni) die letzten Jahre des Mäzens ausfüllten. Da Max Emanuels Nachfolger Carl Albert (1726—1745) und Maximilian III. Joseph (1745—1777) dem Gemäldesammeln minder hold und mit den Kaufspassiven des Vorgängers belastet waren, kann man annehmen, daß der Bestand des Schleißheimer Inventars von 1761 noch wesentlich derselbe war, wie beim Ableben Max Emanuels, und danach waren in Schleißheim allein 1016 Gemälde aufgestapelt, wozu wohl noch mehr in der Residenz zu München, in Nymphenburg und Dachau kamen. Die Sammlung war damals vorzugsweise niederländisch, Italien war spärlich, das Quattro- und Cinquecento der Apenninenhalbinsel fast gar nicht vertreten, ebenso das ältere Deutschland wie Frankreich und Spanien.

Durch Carl Theodor (1777—1799), mit dem die Pfälzer Linie zur Sukzession gelangte, kam ein Teil der Mannheimer Gemäldesammlung nach München, meist Holländer, worunter zwei Rembrandt, Ferd. Bol, vier Brouwer, Terborch, Ostade, Steen und viele Dou und Mieris; von Vlamen drei Rubens, zwei van Dyck und zahlreiche Brueghel-Balen. Von Italienern standen sich C. Dolci und Ribera schroff gegenüber, von Deutschen war Elsheimer richtig gewürdigt, auch die Spanier fanden in Murillo eine glänzende Vertretung durch das Bild der Pastetenesser. Dieser in Schleißheim nicht mehr gut unterzubringende Zuwachs, wie auch der Wunsch, die Hofgalerie der Residenzstadt zugänglicher zu machen, veranlaßte die Herstellung eines Münchener Galeriebaues, der den Hofgarten nördlich abgrenzte (jetzt Gipsabguß- und ethnographisches Museum)

Die auf dem Erbwege mit dem nachmaligen König Max Joseph auf den Thron gelangte Linie Pfalz-Zweibrücken brachte zunächst die Zweibrückener Galerie, 964 Stücke stark, nach München und führte namentlich eine Reihe von Franzosen in den Bestand, sonst meist die Holländer bereichernd. Von größerer Bedeutung freilich wurde die Überführung der nicht sehr zahlreichen (358 Werke) aber erlesenen Galerie Düsseldorf, die Schöpfung des Kurfürsten Johann Wilhelm von der Pfalz (1690—1716), dessen verständnisvolle Kunstliebe, geteilt von seiner Gemahlin Maria Loisia von Medici, mit jener seines bayrischen Vetters Max Emanuel wetteiferte. Die Sammlung enthielt nicht weniger als 40 Rubens, 17 van Dyck, 2 Jordaens, 7 Rembrandt und zahlreiche holländische Kleinmeister. Anderseits die Raffaelische Heilige Familie Canigiani, die Heilige Familie von A. del Sarto, die beiden Madonnen mit Heiligen von Palma und Tizian, den Vesalius von Tintoretto, der Caracci, Reni und Domenichino nicht zu gedenken. Die herrliche Sammlung war seit der Belagerung von Düsseldorf durch General Wangenheim wiederholt in großer Gefahr gewesen. Carl Theodor hatte über Abtretung von vierzig der hervorragendsten Stücke mit Frankreich verhandelt und auch sein Nachfolger Verhandlungen mit England wegen Verpfändung oder Verkauf der seit 1794 nach Glückstadt geflüchteten Sammlung eingeleitet. Eine noch größere Gefahr drohte ihr 1805 durch die Abtretung des Herzogtums Berg an Frankreich für die Markgrafschaft Ansbach, zumal damals die kaum von Glückstadt zurückgekommene Galerie nach Kirchheimbolanden, mithin auf zu jener Zeit französisches Gebiet geflüchtet worden war. Es hatte zwar Max Joseph am Tag vor seiner Erhebung zum König und am letzten Tag seines niederrheinischen Erbbesitzes (31. Dezember 1805) den Befehl unterzeichnet, die Galerie nach München zu verbringen, wohin sie auch nach wenigen Monaten gelangte, aber infolge des Überganges des Herzogtums Berg an Preußen (1815) erstand eine inländische Gegnerschaft in den protestierenden Rheinlanden und entfesselte heftige Reklamationen. Da jedoch der dynastische Erbbesitz aktenmäßig feststand, nahm die preußische Regierung die Sache erst nach dem Krieg von 1866 auf und fügte den Bestimmungen des Friedens vom 22. August an, daß der Düsseldorfer Anspruch einer schiedsgerichtlichen Entscheidung zu unterstellen sei. Diese kam indes nicht mehr zum Abschluß, da König Wilhelm I. im Bündnisvertrag mit Bayern vom 23. November 1870 hochherzig erklärte, daß den Ansprüchen auf die Düsseldorfer Galerie eine Folge nicht gegeben und darauf ein für allemal verzichtet werden solle.

Außer dem Zusammenfluß der wittelsbachischen Sammlungen war weiterer reicher Zuwachs zum Teil dem Staats-, zum Teil dem königlichen Hausbesitz aus anderen Quellen erwachsen.

Zunächst dem Staatsbesitz durch die Säkularisation der bayrischen und damals zu Bayern gehörigen Klöster und Stifte, welche 1803 und 1804 namentlich altdeutsche Werke zuführten, wie durch die folgenden Einverleibungen der fränkischen Markgrafschaften, Reichsstädte, Bistümer, wie des kurmainzischen Gebiets von Aschaffenburg. Der weitaus größte Teil dieser letzteren Erwerbungen ist übrigens an Ort und Stelle geblieben.

Merkwürdig ist, daß dieses reiche Zusammenströmen das Bestreben der Landesherren nicht zurückdrängte, unentwegt freihändig weiter zu sammeln. Wie schon Carl Theodor sich hierin sehr tätig erwies, so noch mehr Max Joseph. Begann freilich schon seine Regierung mit der Flüchtung seines Gemäldeschatzes nach Ansbach (1800—1801) und mußte er es erleben, daß gleichzeitig 72 Gemälde als napoleonische Beute aus München und Schleißheim nach Frankreich gingen, von welchen 1815 nur 28 zurückgelangten, so gaben dafür die kriegerischen Zeitläufte reichliche Gelegenheit zu neuen Erwerbungen, wobei der junge Kurprinz und nachmalige Kronprinz Ludwig, der eifrigste und erfolgreichste aller Kunstfreunde des bayrischen Fürstenhauses, vielfach die Hand im Spiele hatte. So kam das berühmte Selbstbildnis Dürers im Jahre 1805 unter Umständen nach München, welche im Texte zu unserer Abbildung des Näheren besprochen sind. Ebenso zwei weitere Dürerbildnisse (Wolgemut und Hans Dürer), der Sebastiansaltar Holbeins aus St. Salvator in Augsburg usw. Unter dem Einflusse des Kronprinzen wurde dann auch begonnen, das italienische Quattro- und Cinquecento ins Auge zu fassen, indem man sich schon 1808 beim Ankauf des Altoviti von Raffael zu einem namhaften Aufwande entschloß, während 1815 für 15 Gemälde italienischer zum Teil seicentistischer Herkunft einschließlich eines Murillo 215000 Francs aufgeboten wurden.

Zu einer bis dahin immer noch fehlenden mehr abgewogenen Allseitigkeit wurde indes die Sammlung erst mit der Thronbesteigung des Königs Ludwigs I. erhoben, dessen Geschmack und Schätzungsfähigkeit auch von einem seltenen Glück und von der in den zerrütteten Zeitverhältnissen liegenden Kaufgelegenheit begünstigt wurde. Des Königs klassische Neigungen drängten ja allerdings in erster Linie zu Antikenerwerbungen, von deren Erfolgen die Glyptothek glänzendes Zeugnis gibt, und bei welchen ärgerliche Hindernisse, wie sie zum Beispiel die Erwerbung der Venus von Milo oder des Diskobol Massimi (Lancelotti) vereitelten, nur selten in den Weg traten. Die Vorliebe für klassische Architektur, Plastik und Malerei (antike Vasen) ließ ihn jedoch die vaterländisch mittelalterliche und die Kunst der italienischen Renaissance keineswegs aus dem Auge verlieren. Mußte auch nach dem damaligen Stande der Forschung mancher italienische Ankauf aus dem 14. bis 16. Jahrhundert auf einem Mißverständnis beruhen, so wurde doch der Gemäldeschatz mit herrlichen Werken bereichert, zum Teil freilich in kleinen Stücken, wie die Giotto und Fiesole, während die Filippo und Filippino Lippi, Botticelli, Ghirlandaio, Francia und Perugino in stattlichen Hauptwerken gewonnen wurden. Und vollzog sich auch der Ankauf der Raffaelischen Madonna della Tenda verhältnismäßig leicht, so erwies sich der Erwerb der Madonna di Casa Tempi derart schwierig, daß er vom ersten Eintreten an zwanzig Jahre (1808—1828) in Anspruch nahm, während welcher Zeit zahllose Briefe darüber zwischen dem königlichen Liebhaber und den Agenten Dillis und Metzger über die Alpen schwirrten (F. R., Die Erwerbung von Raffaels Madonna Tempi. Jahrbuch für Münchener Geschichte. III.).

Zwei andere Lücken wurden durch Erwerbung zweier Privatsammlungen ausgefüllt. Zunächst (1823—1828) die Wallensteinsche Sammlung altdeutscher (oberdeutscher) Werke, welche der König um 54000 Gulden erwarb, ein Preis, welcher jetzt wohl für das dazugehörige Bildnis des Oswolt Krell von Dürer allein aufgeboten werden müßte. Hatte auch die Klosteraufhebung in dieser Richtung schon vorgearbeitet, wie ja auch die Ankäufe Wilhelms IV. in diese Reihe fallen, so kam es doch erst jetzt zu einiger Abrundung des Bestandes. Fast völlig neu aber war die Vertretung der altniederrheinischen und altniederländischen Kunst, wie sie der Erwerb der Boisserée-Sammlung 1827 darbot. Denn wenn auch von den Altniederländern L. van Leyden, Patinir, Q. Massys, Gossaert, Roymerswale, Hemessen bereits repräsentiert waren, so bot das wertvollere 15. Jahrhundert nur den kleinen Johannes B. von Memling, die dem D. Bouts zugeschriebene Gefangennahme Christi und G. Davids Anbetung der Könige, die ältere Kölner Kunst aber überhaupt nichts Namhaftes. Diesem Mangel wurde auch um einen Preis (240000 Gulden) abgeholfen, der ebenfalls unverhältnismäßig niedrig erscheint. Das Verdienst des Königs um diese Bereicherung ist aber um so größer, als er sich dazu gegen den Rat seines Vertrauten G. Dillis entschloß. Denn dieser hatte empfohlen, nur eine Auswahl von zehn Stücken zu erwerben, wobei er gerade die minder wichtigen namhaft machte, die Hauptstücke von Rogier, Bouts, Memling, Stephan

Lochner und die Meister des Marienlebens, des hl. Bartholomäus und des Marientodes aber unbegreiflicherweise außer Betracht ließ (F. R., Die Korrespondenz des Kronprinzen Ludwig v. B. mit Georg v. Dillis, Brief vom 6. August 1826). Glücklicherweise erwarb der König dem entgegen die Sammlung en bloc, trotz der Schwierigkeit der Aufstellung in dem überfüllten Galeriegebäude Carl Theodors, welche zunächst die Aufstellung in Schleißheim veranlaßte, wie die meisten Wallensteinschen Gemälde in Augsburg und Nürnberg untergebracht werden mußten. Die ablehnende Haltung des Galerievorstandes aber bestrafte sich dadurch, daß der König, wie dies auch bei mehreren andern Gemälden des durch die Verfassungsurkunde von 1806 verstaatlichten dynastischen Gemäldebesitzes geschehen war, die beiden Massenerwerbungen auf seine Zivilliste nahm und sie als königliches Hausgut zwar den Staatsgalerien einreihte, aber dem königlichen Hause den Privatbesitz vorbehielt.

Die massenhaften Zugänge seit Carl Theodors Galeriebau hatten die Unzulänglichkeit der Räume desselben längst deutlich gezeigt. Es war auch schon 1804 ein Erweiterungsbau von Galeriedirektor v. Mannlich geplant worden, der in der zitierten Akademie-Abhandlung über die Korrespondenz des G. v. Dillis publiziert worden ist. Glücklicherweise kam der Umbau nicht zustande. Der Kronprinz hatte, wie aus seinen Briefen aus Pultusk und Kolaki hervorgeht, schon 1807 an einen Neubau und für diesen an das dem Carl Theodorbau gegenüberliegende Areal des Salabertgartens gedacht, aber die kriegerischen Verhältnisse ließen die Angelegenheit bis 1822 ruhen. Als dann die wachsende Raumnot dieselbe neuerdings zum Leben brachte, entstand ein heftiger Kampf zwischen jenen, welche für einen Erweiterungsumbau und jenen, welche für einen Neubau eintraten, worin sich der Galeriedirektor Dillis und Klenze, und besonders Dillis und der Kronprinz in einer fast zum Bruche führenden Schroffheit gegenüberstanden. König Maximilian hatte schließlich einen Neubau genehmigt, und nachdem auch der zweite Bauplatz zwischen Brienner- und Finkenstraße abgelehnt worden, fertigte Leo v. Klenze für das jetzige Areal den schönen Entwurf, an welchem nur die Legung des Haupteinganges und der Treppe in die Mitte der Langseite zu wünschen wäre. 1826, ein halbes Jahr nach Ludwigs Thronbesteigung, wurde der Bau begonnen und war schon 1836 musterhaft eingerichtet.

Da nach der Abdankung Ludwigs I. ein halbes Jahrhundert lang keine umfänglicheren Erwerbungen weitere Räumlichkeiten erheischten und der Staat erst seit zehn Jahren einen besonderen Etat zum Ankauf älterer Werke, speziell zur Ergänzung der Lücken einstellte, war eine Erweiterung der Galerieräume nur dazu notwendig geworden, um die Trübungen der von vornherein historisch geplanten Aufstellung zu klären und die Gemälde etwas lockerer zu hängen, was auch in den letzten Jahrzehnten durch die Adaptierung von drei vorher Verwaltungszwecken dienenden Nebenräumen als Galeriesäle gelang. Trotz der beschränkten Mittel konnten übrigens nicht unwichtige Werke gewonnen werden. So besonders an Italienern ein Lionardo da Vinci, ein Signorelli, Credi, Liberale, von Niederländern zwei Terborchs und ein Frans Hals, wozu noch schätzbare Zuweisungen des bayrischen Museumsvereins und Geschenke an altdeutschen und niederländischen Werken, wie auch an Engländern kamen.

Von den mehr als 7500 Werken älterer Meister, die das Staatsinventar verzeichnet, befindet sich indes nur der fünfte Teil in der Kgl. Alten Pinakothek, die übrigen sind in den Galerien von Schleißheim und Augsburg, im Nationalmuseum zu München und Nürnberg, in den Schloßgalerien zu München, Aschaffenburg, Würzburg, Bamberg, Ansbach und Burghausen, in den Galerien zu Erlangen und Speyer aufgestellt, von welchen übrigens nur Burghausen, Speyer und Erlangen Neugründungen sind, während die übrigen Sammlungen in der Hauptsache schon vor Einverleibung der betreffenden Territorien als fürstliche oder städtische Sammlungen bestanden hatten, aber viel mehr bereichert als gemindert worden sind. Eine nicht geringe Zahl von Gemälden wurde dem städtischen Museum in Bamberg überwiesen, vieles an Kirchen und öffentliche Profangebäude verliehen, so daß die Depots jetzt nur noch wenig Begehrenswertes enthalten. F. R.

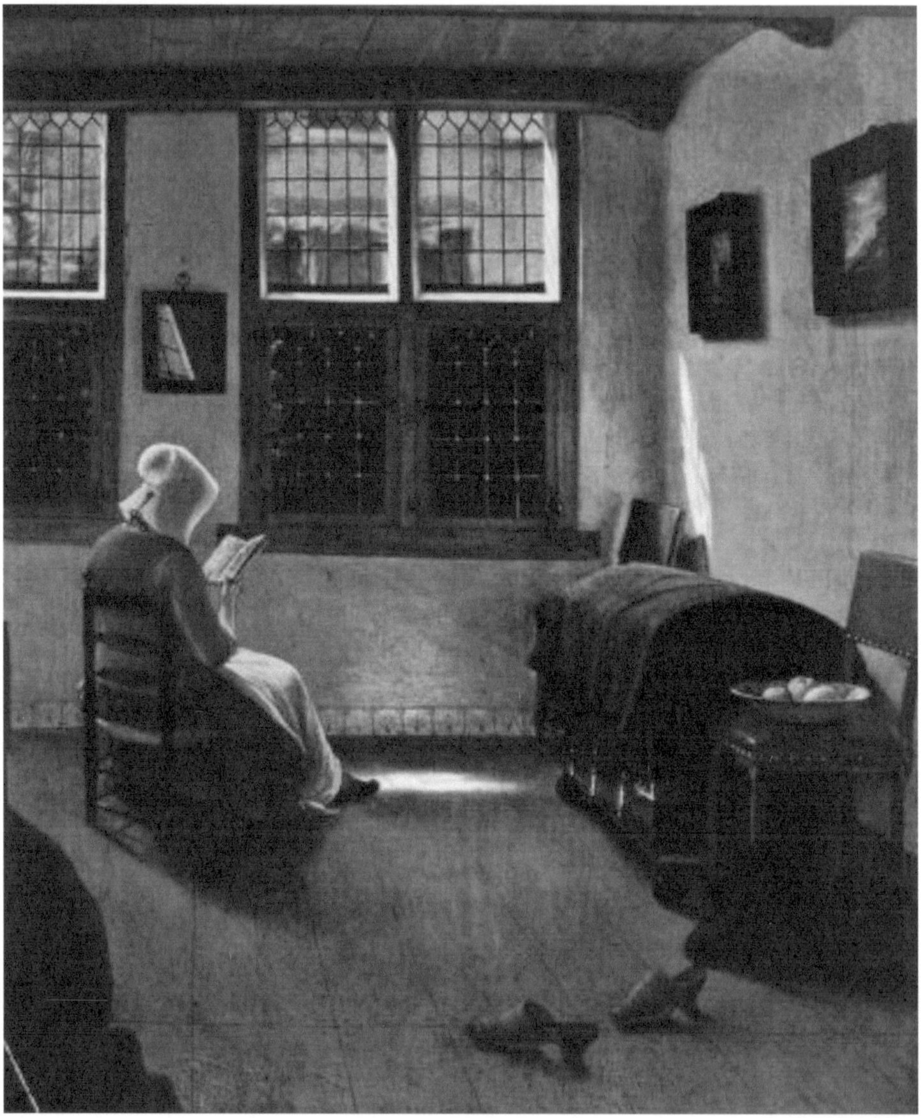

Pieter de Hooch

1

(1630 bis nach 1677)

Holländische Wohnstube

Leinwand, 75×62 cm

Unser Bild, zu den Perlen der Pinakothek gehörend, ist in neuerer Zeit mehrfach dem P. de Hooch abgesprochen, und einem Nachahmer desselben, Pieter Janssens, zugeteilt worden, der bisher so viel wie unbekannt, durch die Untersuchungen von C. Hofstede de Groot (Zeitschr. f. bildende Kunst. N. F. I, S. 134; Oud Holland IX. 1891 p. 266, 1892 p. 181 fg.) näher ans Licht getreten ist. Der Angriff auf unser Bild basierte hauptsächlich auf einem sehr ähnlichen Werk in Frankfurt a. M., Nr. 217 des Städelschen Museums, bei dem allerdings die nach 1835 gefälschte Inschrift P. D. Hoogh an die Stelle einer echten, von welcher noch die übrigens nur auf Janssens zu deutenden Buchstaben ... ſſ ... s E. erhalten sind, getreten war. Man hat jedoch von dem Frankfurter Bild wohl mit Unrecht auf unser immer unbezeichnetes Werk geschlossen. Denn wenn auch der Innenraum des ersteren von dem gleichen Eindruck und namentlich der gleichen Lichtwirkung und die Ahnlichkeit so frappant ist, wie sie nur in den glücklichsten Fällen einer Nachahmung gelingen kann, an anderen bezeichneten Gemälden von Janssens aber nicht entfernt erreicht ist, so ergibt doch eine genauere vergleichende Prüfung, daß der Farbenauftrag an dem Janssens in Frankfurt trockener und pastoser und nicht von der leichten Flüssigkeit unseres P. de Hooch ist. Die Luft- und Lichtwirkung des Innenraums, der von einer schmalen Straße aus durch zwei im Fond des Zimmers angebrachte Fenster durchsonnt ist, erscheint von einer zauberhaften Wahrheit, nicht bloß durch die wonnige Gesamtstimmung, sondern auch durch alle Details, die Sonnenstreifen und -blitze an der Wand, auf dem Fußboden, auf den Kofferbeschlägen und Stühlen, die weichen Schatten der Bilderrahmen und anderen Mobilien, das Helldunkel und die Luftperspektive, die über die Schmalheit der Gasse keinen Zweifel läßt. Untergeordnet ist die lesende weibliche Gestalt in schlichtem Gewand, deren Abgewandtheit verrät, daß dem Künstler die figürliche Darstellung weniger lag, und daß es ihm mehr darum zu tun war, den durchsonnten Raum mit allem Gerät als das Wesen des Werkes zur Geltung zu bringen. Doch gelang es ihm meisterlich, eine sommerliche Sonntagsstimmung in zurückgezogener Ruhe zu erreichen, die ihren beruhigenden Eindruck als vollendete Interieurkunst nicht verfehlen kann. Das Werk wurde 1791 durch Kurfürst Karl Theodor von de Vigneux käuflich erworben.

F. R.

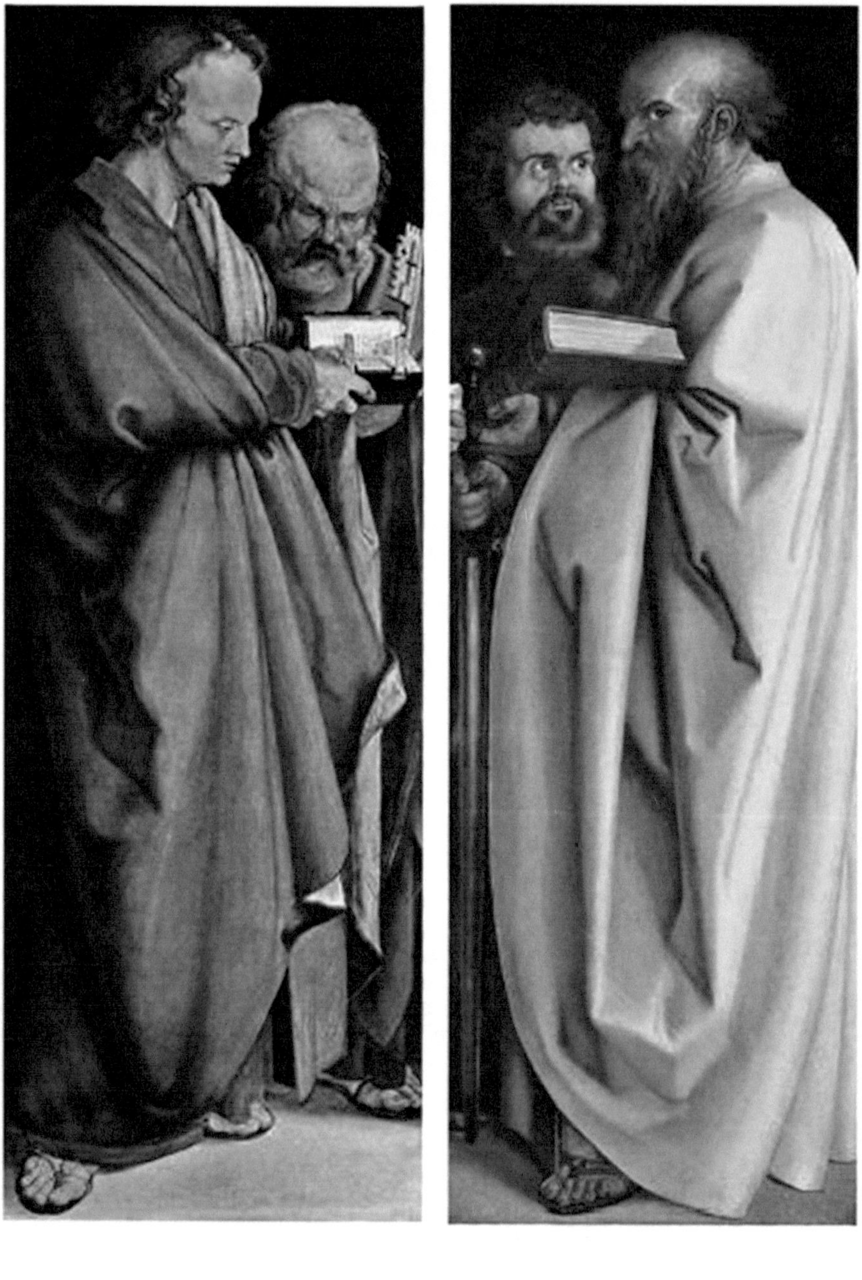

Albrecht Dürer

2

(1471—1528)

Die Apostel Johannes, Petrus, Markus und Paulus

Zwei Holztafeln, je 204×74 cm

Im Frühling 1525 hatte der Nürnberger Magistrat die Einführung der Reformation beschlossen, ein Jahr später vollendete Dürer sein letztes großes Werk und machte es seiner Vaterstadt zum Geschenk. Die vier Apostel — wie man es nennt, obwohl Markus keiner ist — von 1526 sind ein Bildniswerk (wie denn Dürer überhaupt in seiner späteren Zeit nur noch Porträts gemalt hat), auf das er sich schon lange vorher vorbereitet hatte durch Gewandstudien, einzelne gemalte Köpfe und Kupferstiche. Hier auf diesen zwei hohen Tafeln im Format von Altarflügeln steht je eine Gestalt bis zu den Füßen in voller Gewandung und in scharfem Profil, dahinter teilweise versteckt ein Begleiter, dessen Kopf die Vorderansicht zeigt. Altertümlich einfach mit platt auf den Boden gestellten Füßen stehen die Figuren wie gotische Kirchenstatuen da. Die malerische Hauptwirkung haben die Mäntel. Der des Paulus aus weichem Stoff fällt in großen feierlichen Falten herab, weiß mit graugrünen Mitteltönen, die aus tieferem Schatten aufsteigen, eine prachtvolle Malerei; über dem Fuß und unterhalb der Hand wird ein Stück des blutroten Untergewandes sichtbar. Der blaue Mantel des Markus tritt nur wenig aus dem schwarzen Hintergrund hervor. Der Mantel des Johannes, rot mit gelbem Futter und durch kleiner gebrochene Falten mannigfacher geteilt als der des Paulus, macht zusammen mit dem grünen Unterkleide eine prächtige Wirkung. Auch jetzt noch, wo er nicht mehr intakt ist; die Nürnberger Ratsherren stellten diesen Schaden schon damals, als sie das Werk an den Kurfürsten nach München sandten, mit in ihre Rechnung ein. Und nun die Köpfe! Der des Paulus kraftvoll, energisch, wie von verhaltenem Zorn erfüllt, ist am meisten von allen ausgeführt; der Markuskopf geradezu aufgeregt, übrigens nicht mehr ganz gut erhalten. Einen Gegensatz der Charaktere finden wir auch auf der anderen Tafel, und darauf beruht die schon aus Dürers Zeit überlieferte Bezeichnung des ganzen Bildes als der vier Temperamente. Paulus hält das Buch und das Schwert, Markus eine Schriftrolle. Auf der anderen Tafel ist Johannes die Hauptfigur, und Petrus, der Felsen der Kirche, mit seinem Himmelsschlüssel in die zweite Linie gestellt, eine bedeutungsvolle Umwertung! Das Weitere sagten den Anhängern der neuen Lehre lange Sprüche aus den Schriften der Vier in Luthers Übersetzung (der „Septemberbibel" von 1522), die Dürer unter die Tafeln schrieb; sie handeln von falschen Propheten, durch die der Weg der Wahrheit verlästert wird, und von Schriftgelehrten, die gerne obenan sitzen und desto mehr Verdammnis empfangen werden. Noch deutlicher lautet der Anfang der Unterschrift, die Einleitung zu diesen Bibelsprüchen: Alle weltlichen Regenten in diesen fährlichen Zeiten nehmen billig acht, daß sie nicht für das göttliche Wort menschliche Verführung annehmen, denn Gott will nicht zu seinem Wort getan, noch davon genommen haben. Was Dürer damit hatte sagen wollen, verstand man noch nach hundert Jahren auf beiden Seiten. Damals, als die Ratsherren diese Bilder nach München verhandelten (1627), hofften sie, der Kurfürst Maximilian werde täuschend ähnliche Kopien, die sie für ihn hatten anfertigen lassen, vorziehen, denn dem Original seien „solche Sprüche vom Widerchrist, von Menschensatzungen und Hoffart beigegeben, daß die Jesuiter zu München ohne Zweifel die Zurücksendung anraten würden". Der Kurfürst fand einen Ausweg: er ließ die Unterschriften abschneiden und an die Kopien setzen, die nun nach Nürnberg zurückgingen.

Adolf Philippi

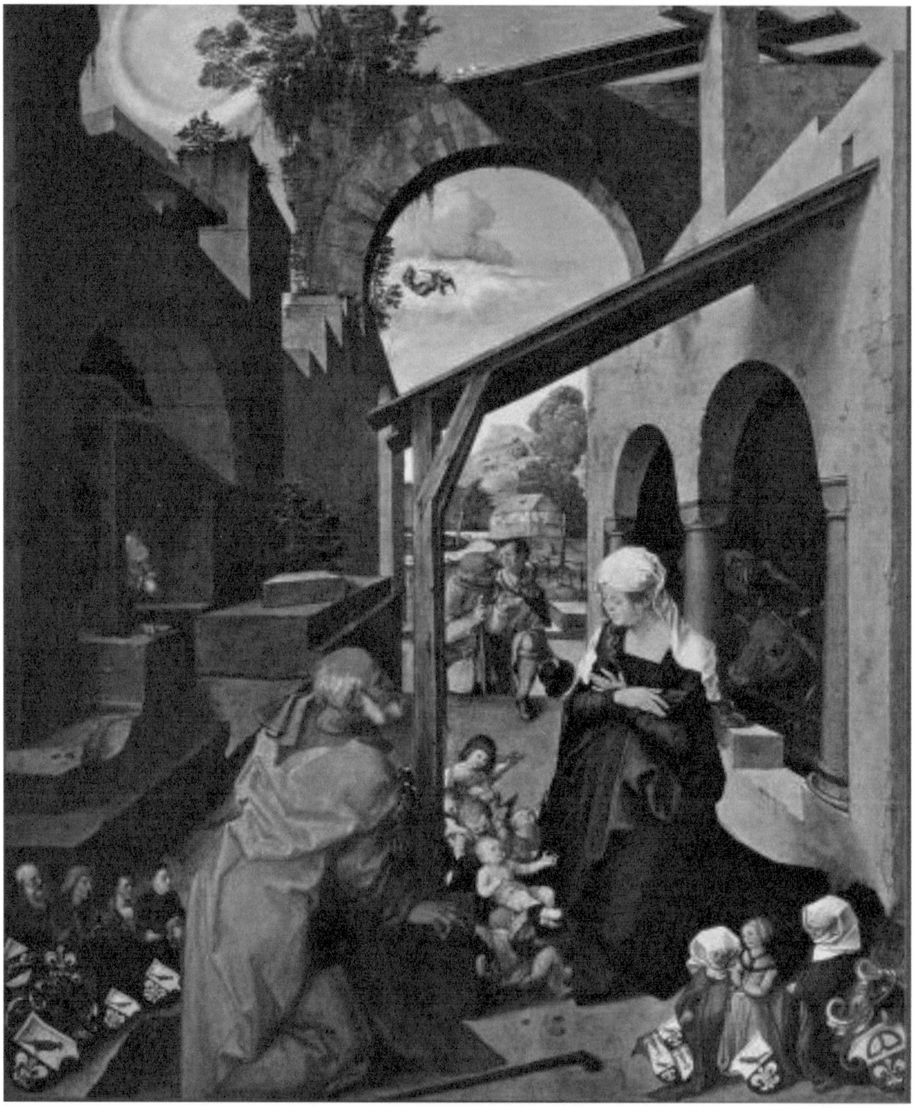

Albrecht Dürer

3

(1471—1528)

Die Geburt Christi

Holz, 152×123 cm

Das vorliegende Bild ist das Mittelstück eines um 1502 gemalten und von den Patriziern Stephan und Lukas Paumgartner in die Katharinenkirche zu Nürnberg gestifteten Triptychons. Die beiden Flügel machten neuerdings viel von sich reden, als die J. G. Fischerschen Übermalungen 1902 wieder abgenommen und nach Beseitigung des landschaftlichen Hintergrundes wie der Pferde und der Helme der Patrizier die Gestalten auf schwarzen Grund gesetzt zum Vorschein kamen, in den Figuren nur dadurch verändert, daß statt der Helme Goldhauben, statt der Lanzen Fahnen mit den Emblemen des hl. Georg bei Lukas und des hl. Eustachius bei Stephan zum Vorschein kamen, wie sich auch bei dem ersteren der Drache statt des Schildes herausstellte. Das Mittelstück wurde 1903 auf den alten Bestand gebracht, indem die übermalten kleinen Figuren der Stifterfamilien mit ihren Wappen hervorgeholt wurden. Beiden Vornahmen kam es zu statten, daß in einer Münchener Kunsthandlung gute Kopien der Flügel aufgetaucht waren, welche schon vor der wohl bald nach 1613 vorgenommenen Übermalung hergestellt waren, und daß sich in der Lorenzkirche zu Nürnberg eine alte Kopie des Mittelbildes (vielleicht zu den Flügelkopien gehörig und dem Jobst Harrich zugeschrieben) befindet, das zur Ergänzung der zerstörten Teile herangezogen werden konnte. Das Werk hat, abgesehen von der Rückführung der originalen Komposition, wesentlich gewonnen: Die Stifter erscheinen nicht mehr durch schwerfällige Zutaten beeinträchtigt, das Mittelbild aber erscheint dadurch gebessert, daß die Buntheit der kleinen, das Kind adorierenden Engel durch die Farben der Stifterfigürchen paralysiert ist und daß der koloristische Aufbau seine richtige Basis wiedergewonnen hat. Die perspektivischen Mängel, an den romanischen Säulen des Stalles rechts besonders auffällig, sprechen mit für die frühe Datierung des Werkes. Nach dem noch vorhandenen Briefwechsel zwischen Herzog (nachmals Kurfürst) Maximilian I. von Bayern und dem Rat der Stadt Nürnberg bezw. dem Ratsschreiber Wolff Löffelholcz von Kolberg und dem Agenten Eustachius Underholtzer zwischen 30. September 1612 und 22. März 1613 gelangte das Triptychon im letztgenannten Jahr geschenkweise in die herzogliche Kunstkammer nach München. (K. Voll, Albrecht Dürers Paumgartner-Altar in der Münchener Pinakothek. Helbing, Monatsberichte 1903. S. 39 fg.)

F. R.

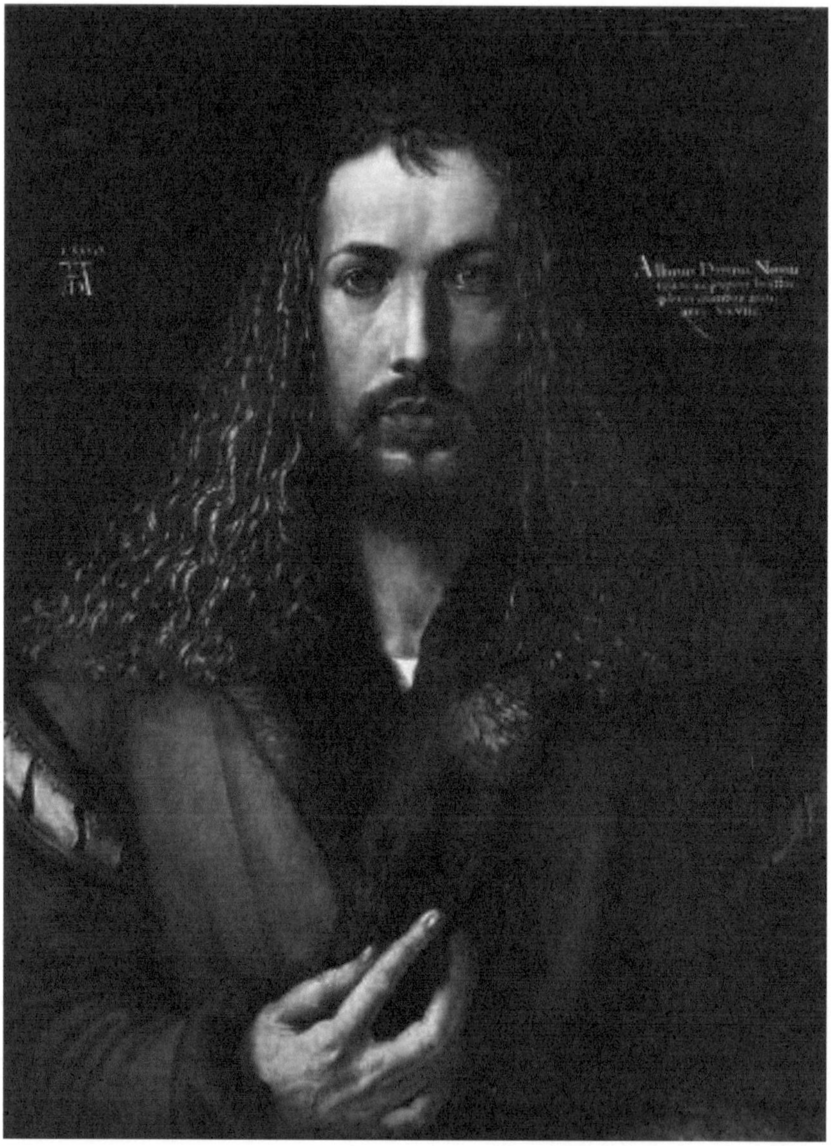

Albrecht Dürer

4

(1471 —1528)

Selbstbildnis

Holz, 65×48 cm

Das berühmte Bildnis ist hinsichtlich seiner Entstehungszeit ein noch nicht sicher gelöstes Rätsel. Der technische Abstand zwischen dieser Meisterleistung und anderen gleichzeitigen Werken Dürers, von welchen das Bildnis des Oswolt Krell von 1499 und jenes eines unbekannten jungen Mannes, mutmaßlich des Hans Dürer von 1500, welche, weil in dem gleichen Kabinett wie das Selbstbildnis, die Vergleichung leicht machen, ist ein zu großer, und ebenso steht Dürers Beweinung Christi von 1500, gleichfalls in der Pinakothek, technisch hinter dem Bildnis weit zurück. Besonders das Gesicht zeigt eine flächige Malweise, malerisch ungleich gereifter als dies alle anderen Dürerschen Werke dieser Jahre zeigen. Und doch ist an der Echtheit der Inschriften, links das Monogramm mit 1500, recbts Albertus Durerus Noricus ipsum me propriis sic effingebam coloribus aetatis anno XXVIII, wenn auch die Buchstaben und Ziffern später etwas verschärft sein mögen, nicht zu zweifeln. Eher an dem buchstäblich Zutreffenden der letzteren Inschrift. Verfasser neigt zu der Ansicht, daß der Künstler, der das Bild zeitlebens im Hause behielt, in späteren Lebensjahren nach Maßgabe seiner gereiften Kunstanschauungen und technischen Entwickelung an dem Gesichte gebessert, die frühere Linienführung, welche im Anfang seiner Laufbahn die Einwirkung der Schongauerstudien wie seiner graphischen Tätigkeit nur zu deutlich verraten, getilgt oder gemildert und dafür dem mehr malerischen Verfahren Raum gegeben habe, wie auch die volleren Züge den Gedanken nahe legen, daß sie bei der auffallenden Magerkeit des Künstlers in seinen Jünglingsjahren mehr dem 38. als dem 28. Lebensjahre entsprechen. Das Übrige, das Haar mit dem prächtigen Liniengeriesel, das Gewand und die Hand scheint unberührt geblieben zu sein, wie denn auch die letztere in Ton und Modellierung empfindlich gegen das Gesicht kontrastiert. Experimente fortschreitender Entwickelung sind an einem in der Werkstatt verbleibenden Selbstbildnis naheliegend, es ist auch von Rembrandt bekannt, wie häufig er sich selbst, um Studien zu machen, als Modell benutzte. — Über die Schönheit des Werkes ist jedes Wort überflüssig, bekannt ist auch die Schönheit des Modells selbst, dessen edle, an ein Christusideal gemahnende Formen, dessen ernster, sinniger Blick und dessen prächtige Haar- und Bartumrahmung seinen Eindruck für alle Zeit behaupten wird. — Das Bild war nach Dürers Tod in den Besitz des Magistrats Nürnberg gelangt und verblieb in demselben bis gegen das Ende des 18. Jahrhunderts, um welche Zeit es von einem betrügerischen Kopisten, der das Malbrett spaltete, auf die mit der städtischen Marke versehene rückseitige Bretthälfte seine Kopie (jetzt im Germanischen Museum zu Nürnberg befindlich) malte, und diese dem Magistrat zurückgab, entfremdet und verkauft wurde. In verschiedene Hände gelangt, kam so das abgesägte Original schließlich durch den Konsulenten G. G. Pez 1805 um einen Spottpreis in die kurfürstlich bayrische Galerie.

F. R.

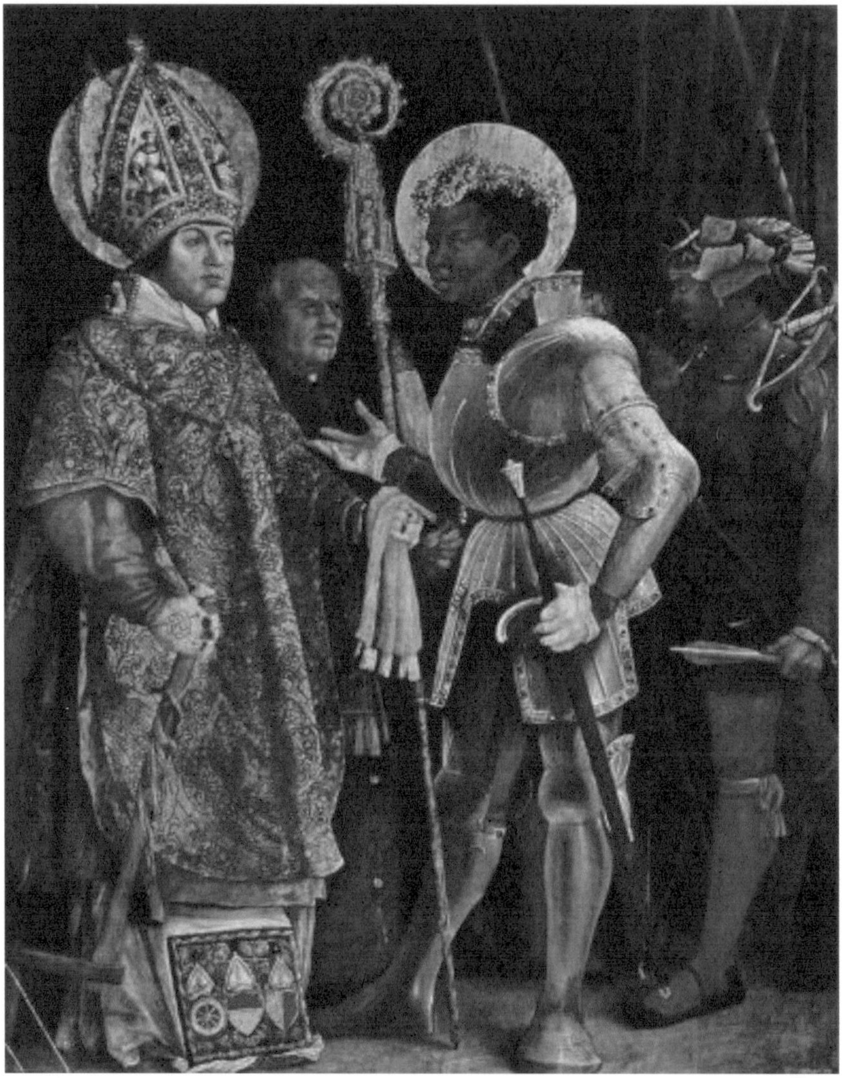

Matthias Grünewald

5

(tätig bis gegen 1530)

Die Heiligen Erasmus und Mauritius

Holz, 226×176 cm

Matthias Grünewald aus Aschaffenburg, einer unserer größten Künstler, war schon früh verschollen, über sein Leben weiß man noch jetzt so gut wie nichts, und erst etwa seit einem Menschenalter haben seine seltenen und weit zerstreuten Bilder wieder die verdiente Beachtung gefunden. Sie sind gleich merkwürdig durch ungewöhnliche Gegenstände, höchst originelle Auffassung und überraschende Einzelheiten, wie atmosphärische Stimmungen und Beleuchtungseffekte. Es liegt etwas Geheimnisvolles über diesem Künstler, wie über Giorgione oder Lorenzo Lotto. Gegen ihn gehalten ist Lukas Cranach langweilig und schablonenhaft. Grünewald steht Dürer viel näher, im Typus der Figuren und im Ausdruck der Affekte, auch in der naturwahren Wiedergabe des Haars, nur ist er ein noch stärkerer Naturalist, der das Häßliche förmlich aufsucht. Er liebt kräftige, breite Hände und plumpe Füße, spitze Knie, und er läßt seine Menschen schielen, damit sich ihr Gesichtsausdruck verstärke. Er sucht endlich für seine Wirkungen, wo er nur kann, den Weg aus den Grenzen der Zeichnung hinaus in das Malerische zu gewinnen. Von allen deutschen Künstlern hat nur er den Wert der Farbe als eines Mittels selbständig Stimmung zu erwecken ganz erkannt. Jetzt, wo man diese beiden Eigenschaften, die rücksichtslose Naturwahrheit und die Keckheit des Kolorits, vor allen andern schätzt, gehört Grünewalds Impressionismus zu den gesuchtesten Genüssen. Auch das ist besonders an ihm, daß er sich von der italienischen Renaissance nicht umgarnen läßt. Die hier mitgeteilte Tafel, sein letztes bekanntes Hauptwerk, bildete einst das Mittelstück eines Altars, welchen der Kardinal Albrecht von Brandenburg, Kurfürst von Mainz, für die von ihm 1518 erbaute Kollegiatskirche in Halle an der Saale hatte herstellen lassen. Nach der Auflösung des Stifts kam das Bild nebst seinen Flügeln nach Aschaffenburg und von da 1836 nach München. Auf unserer Tafel stehen wenige überlebensgroße Figuren, mit glühenden Farben auf dunklem Grund gemalt, und zeigen ihre ernste hohe Würde, eine deutliche Seelensprache und eine Kostümbehandlung, gegen deren einfache Größe sich kaum etwas ähnliches aus der älteren deutschen Kunst wird aufbringen lassen. Dargestellt ist eine Unterhaltung der Heiligen Erasmus und Mauritius. Erasmus, im vollen und äußerst kostbaren Bischofsornat, trägt die Züge des Kardinals, dessen Wappen man über dem Saum der Alba sieht. Hinter ihm steht ein bejahrter Kapitular mit einem wunderbar modellierten Kopf. Hinter dem Mohren gewahrt man zwei Kriegsknechte, bereits im Helldunkel versinkend, und von zwei anderen noch die Beine. Er selbst aber ist in einer köstlich gemalten Rüstung und in der ritterlichen Haltung dargestellt, die zuerst Dürer und Cranach in die Kunst eingeführt hatten. Auf dem Kopfe trägt er einen Goldkranz, der, wie alle übrigen Einzelheiten in Tracht und Gerät, mit einer Exaktheit wiedergegeben ist, an der noch ein heutiger Kunstgewerbemann seine volle Freude haben kann.

Adolf Philippi

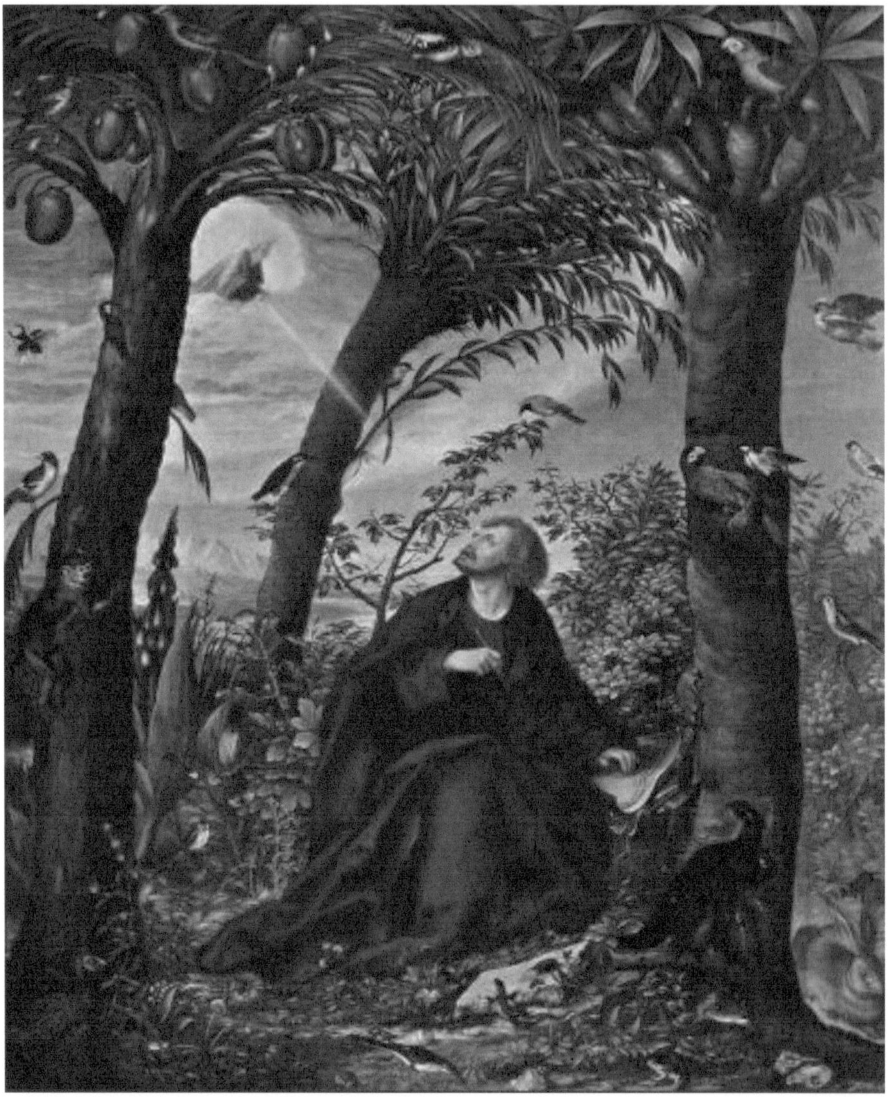

Hans Burgkmair

6

(1473—1531)

Johannes auf Patmos

Holz, 150×125 cm

Hans Burgkmair aus Augsburg war ein Zeitgenosse des älteren Holbein. Wie dieser, fand er früh ein Verhältnis zur italienischen Renaissance, war auch in Oberitalien gewesen, wie Dürer, dessen Holzschnitte und Kupferstiche er dann eifrig studierte. Seine ersten Anregungen hatte er durch Schongauer erhalten, den Meister des deutschen Kupferstichs. Burgkmairs Hauptgebiet wurde jedoch der Holzschnitt. Darin steht er sehr hoch. Als Maler gewährt er ungleiche Eindrücke. Deutsche Charakteristik und italienische Formenschönheit scheinen miteinander im Widerstreit zu liegen. In der Farbe ist er kräftig und selbständig, kein bloßer Illuminator. Seine kleineren Bilder aus früherer Zeit sind geschätzter als die zahlreichen späteren, zum teil sehr groß angelegten Gemälde. Diese sind freier und kühner entworfen als jene, aber nur noch selten so intim aufgefaßt. Unter ihnen verdient unser „Johannes auf Patmos" einen hervorragenden Platz. Die zum ältesten Bestande der Münchener Galerie gehörige Tafel ist mit vollem Namen bezeichnet und 1518 datiert. Sie wirkt noch heute auf uns ganz eigentümlich, beinahe impressionistisch, durch ihre kräftigen Farben, die zufällige und natürliche Anordnung des Ganzen, die ungesuchte Haltung und den sinnenden Kopf des Evangelisten. Dazu kommt die reizende Phantastik der Umgebung. Südliche Vegetation mit einem Gewimmel von Tieren, die mit Dürerscher Schärfe beobachtet und mit Dürerscher Sorgfalt gemalt sind. Was wäre aber diese Vordergrundmalerei ohne den wundervollen Durchblick ins Freie und aufwärts nach dem Himmel! Dieses starke Naturgefühl, worin sich Burgkmair seinem Landsmann Altdorfer an die Seite stellt, gewinnt noch eine tiefere Bedeutung für den Inhalt des Bildes, indem es uns die Erleuchtung des Heiligen, der an seiner Offenbarung schreibt, versinnlicht. Und der Eindruck der Landschaft mit ihrer zufälligen Komposition könnte uns auch wohl noch an einen Späteren erinnern, der übrigens ganz anderen Geistes war, an Tintoretto! Adolf Philippi

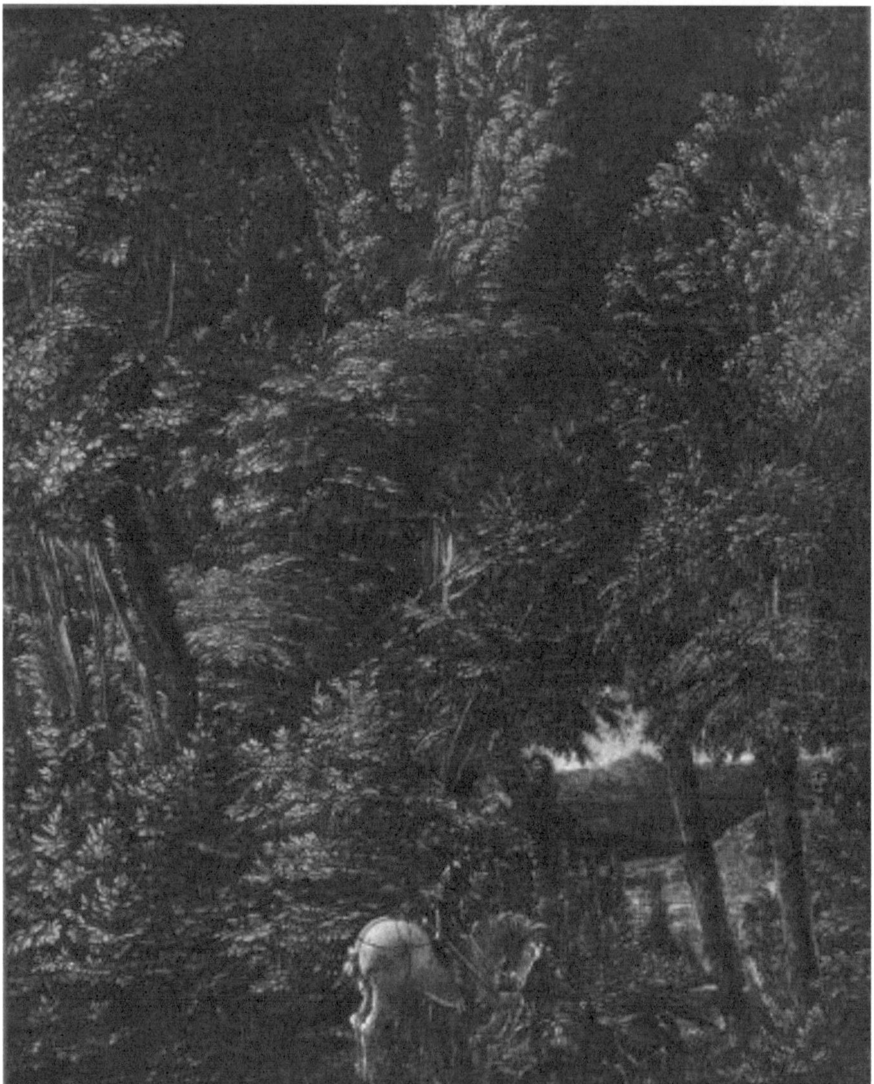

Albrecht Altdorfer

7

(1480?—1538)

Waldlandschaft mit dem heiligen Georg

Pergament auf Holz, 27×21 cm

Die Fragen über die engere Heimat und die künstlerische Herkunft A. Altdorfers haben die Forschung lange beschäftigt. Endlich mußte man es aufgeben, des Namens wegen seine Geburtsstätte in einer Stadt oder Ortschaft Altdorf (in der Schweiz, in Mittelfranken, bei Landshut in Niederbayern usw.) zu suchen. M. Friedländer hat es dagegen mehr als wahrscheinlich gemacht, daß Altdorfer als Sprößling einer Patrizierfamilie in Regensburg geboren sei, daß aber der mutmaßliche Vater Ulrich Altdorfer, der 1478 als Maler das Regensburger Bürgerrecht erlangt hatte, dasselbe 1499 wieder aufgegeben und sich wohl in Amberg niedergelassen habe. Von dort war wenigstens Albrecht Altdorfer zurückgekehrt, als er 1505 mit der urkundlichen Bezeichnung als „Maler von Amberg“ das Bürgerrecht in Regensburg abermals gewann. Naturgemäß ist dann, daß er von seinem Vater den Unterricht empfing. Aufzugeben ist der angebliche Schulzusammenhang mit A. Dürer, welcher Meister erst beträchtlich später von einigem, keineswegs starkem Einfluß auf den Regensburger Künstler geworden ist. Die behauptete Einwirkung durch M. Grünewald aber ist so unerweislich, wie jene durch J. Barbari. Ähnlich verhält es sich mit der oberbayerischen Kunst. Größer wird wohl der Einfluß der Werke des Miniators Berthold Furtmeyr von Regensburg gewesen sein, der die bis auf das frühe Mittelalter zurückgehende Regensburger Miniatorenschule rühmlich abschloß, wie überhaupt die Büchermalerei als einer der Ausgangspunkte der ganzen Donaukunst von Ingolstadt bis Passau zu betrachten ist. Schon die Kleinheit nicht bloß unseres Bildes, sondern der meisten Altdorferschen Werke, verbunden mit dem niedlichen Figurenverhältnis zum Raum spricht für diesen Zusammenhang und nicht minder die genrehafte Auffassung der Figuren im Gegensatz zu der monumentalen Typik der meist plastischen Vorbildern nachgehenden oberdeutschen Kunst. Niemals vorher in dieser ist der Landschaft so viel Selbständigkeit eingeräumt und so wie hier die Darstellung eines Heiligen, wie unser St. Georg, auf eine fast belanglose Staffage herabgedrückt worden. In dem Wald unseres Bildes hat das plastische Element dem malerischen vollkommen Platz gemacht und gelangt trotz aller noch anhaftenden Mängel zu einer dem Naturvorbild näheren Wirkung. Mit Recht schließt Friedländer seine Charakteristik des Meisters mit den Worten: „Nicht nur die Geschichte des Landschaftsgemäldes, auch die Geschichte des Genres und die des Architekturbildes nennt den Altdorfer wenn nicht als Führer, doch als Vorläufer.“ F. R.

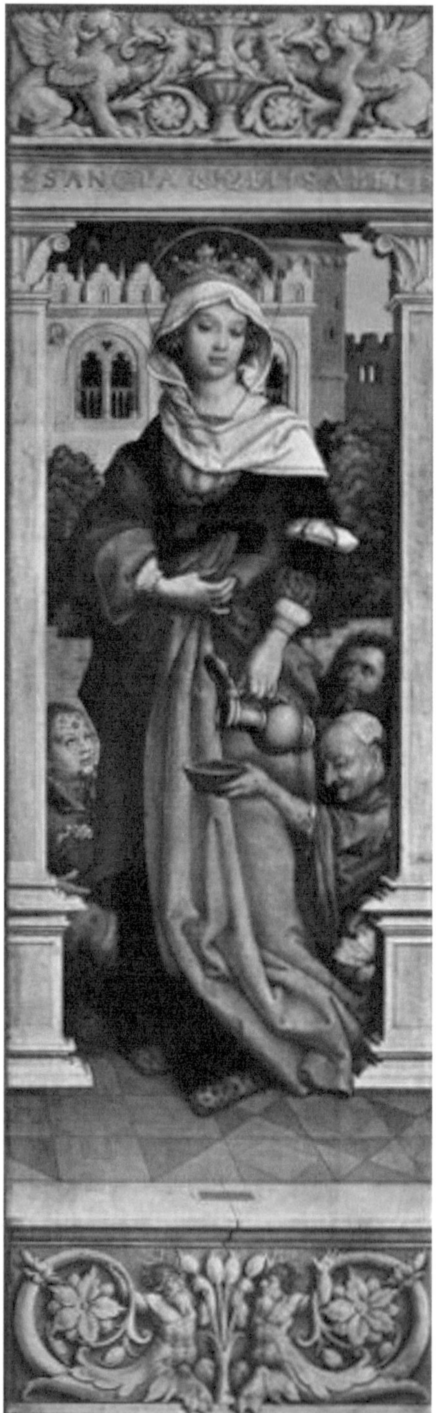

Hans Holbein d. J. 8

(1497[?]—1543)

Die heilige Elisabeth

Holz, 153×45 cm

Die Entstehungsgeschichte des zweifellos in der Werkstatt Hans Holbeins des Älteren 1516 entstandenen Sebastiansaltars ist in Woltmanns Holbeinwerk so eingehend behandelt, daß wir uns darauf beschränken können, lediglich unsere abweichende Ansicht bezüglich der Urheberschaft der Flügelbilder zu konstatieren. Denn die Flügel stehen künstlerisch höher als das Mittelbild und verraten eine andere Hand als nicht bloß das Sebastiansbild, sondern auch die übrigen Werke der späteren Zeit des Altmeisters. Dieser hätte die gotische Haltung, wie sie z. B. in der Kaisheimer Serie von 1504 sich so entschieden ausprägt, niemals so unbedingt preisgeben können. Die Renaissance der Ornamentik in den Umfassungen, wie das architektonische Interieur der Verkündigung läßt direkte italienische Einflüsse ebensowenig verkennen wie an den Werken Burgkmairs. Dabei an den Bruder des älteren Hans Holbein, Sigmund Holbein, der allerdings 1517 seinen Bruder um 34 Gulden gerichtlich belangte, zu denken, erscheint aus dem Grunde minder wahrscheinlich, weil wenigstens das mit S. Holbain M bezeichnete Marienbild im Germanischen Museum zu Nürnberg so wenig Verschiedenheit von der Art des älteren Hans Holbein zeigt, daß es die Mehrzahl der Forscher dem letzteren zuschreibt. Dagegen erscheint die Annahme sehr naheliegend, daß der Vater dem vorübergehend von der Wanderschaft zurückkehrenden Sohne Hans die Nebenarbeit der Flügel anvertraute, welcher dieser, damals neunzehnjährig, als frühreifes Genie auch vollauf gewachsen war. Er mochte auf der Wanderung wie Dürer, wenn auch auf anderem, nämlich Schweizer Wege, die Alpen überschritten und die Wunder des lionardesken Mailand geschaut haben, worauf auch die Lieblichkeit der Gesichtszüge und Hände, wie der elegante Schwung der Gewänder hindeuten. Gegen die Urheberschaft der Flügelbilder durch den älteren Hans Holbein spricht auch der Umstand, daß der bärtige Bettler rechts neben der heiligen Elisabeth, welcher, wie aus einer Zeichnung in der Sammlung Duc d'Aumale in Chantilly mit der Überschrift „Hanns Holbain maler der Alt“ hervorgeht, den alten Holbein selbst darstellt, in einer Stellung gegeben ist, die ein Selbstbildnis ausschließen dürfte, das naturgemäß Vorderansicht verlangt. Auch würde damals, als der Sohn noch als Anfänger in der Kunst galt, der Vater schwerlich die Unterscheidung „der Alt“ beigesetzt haben, die sich unschwer erklärt, wenn der Sohn das Bildnis des Vaters als Studie für das Flügelbild zeichnete. Die Flügel sind aber um so bemerkenswerter, als sie wahrscheinlich das einzige sind, was Hans Holbein je in seiner Heimat leistete. Leider ist die Familiengeschichte der Holbein in dieser Zeit dunkel, wir wissen aber von dem Elend, in welchem der Vater damals lebte, und begreifen, daß der Sohn daran nicht weiter teilnehmen wollte, sondern der Vaterstadt nach kurzem Verweilen für immer den Rücken kehrte. F. R.

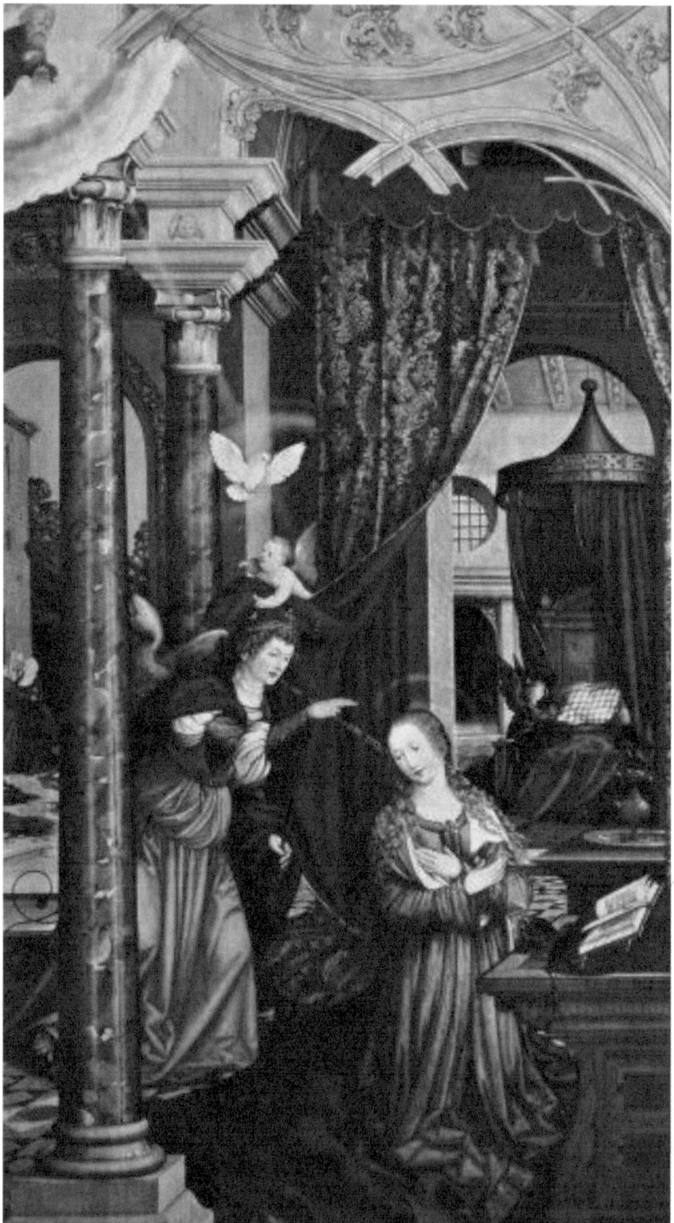

Martin Schaffner

(nachweisbar zwischen 1508 und 1539)

Die Verkündigung

Holz, 300×158 cm

Martin Schaffner bietet keine anderen biographischen Anhaltspunkte, als sich durch seine datierten Werke ergeben. Geburts- und Todesjahr wie Familienbeziehungen sind unbekannt. Auch seine künstlerische Abkunft ist nicht völlig gesichert. Sie kann schon aus zeitlichen Gründen nicht auf Multscher zurückreichen, und Schühlein und Zeitblom, nach Dr. Diemands archivalischem Funde in seiner Heimat Nördlingen Hausner genannt, sind ihm nicht kunstverwandt. Dagegen wird wohl Jörg Stocker (nachweisbar von 1490—1509) als sein Lehrer angenommen werden müssen, wodurch sich auch Schaffners Beziehungen zu den Werken Schongauers erklären. Alle bekannten Arbeiten Scbaffners gehören übrigens dem Renaissancegeschmacke an, wodurch er sich auch mit Burgkmair berührt. — Zu seinen hervorragendsten Werken gehören die vier großen Flügel der Pinakothek aus Wettenhausen bei Ulm, welche, wie Pückler-Limpurg (Martin Schaffner 1899) nachgewiesen, nicht als Orgelflügel gedient (wie man früher aus dem geschweiften Abschluß oben geschlossen), sondern die Flügel des von Propst Ulrich Hieber gestifteten Hochaltars gebildet haben, auf dessen Mittelschrein mit der plastischen Darstellung der Dreieinigkeit und der Aufnahme Mariens im Himmel nach der Wettenhauser Chronik II, pag. 185 rückseits zu lesen war: „Nach der Geburt Christi 1524 ward dies Werkh ufgericht zu Lob und Ehr Gott dem Allmächtigen undt der Himmelkönigin Mariä Und allem Himmlischen Heer durch den ehrwürdigen Herrn Probst Ulrich, den ersten dieß Namens Vollendet und gemacht durch Martin Schaffner, Maler zu Ulm 1524“. Wie auch an den andern Flügeln (Darbringung Christi im Tempel, Sendung des heiligen Geistes, Tod der Maria) besteht auch auf unserer Verkündigung der Schauplatz aus einer reichen Säulenhalle mit Säulenschäften aus bunter Breccia, hier rechts sich öffnend nach dem prunkvollen Schlafgemach, dessen Bett von einem Engel bedient wird, und links mit Ausblick ins Freie, die Heimsuchung enthaltend. Oben links erscheint Gottvater, in der Mitte die Taube, ein fliegendes Engelkind hält eine Damastgardine empor. Die Komposition entspricht noch der oberdeutschen Tradition, über welche jedoch Farbenpracht und Gewänderreichtum weit hinausgeht. Das Bild trägt am Kopfende des Bettes die Jahrzahl 1523. Auf der Rückseite sieht man Maria mit vier Frauen, zu einem Gemälde mit dem Abschied des Heilandes gehörend, dessen andere Hälfte sich auf der Rückseite der Tafel mit dem Tode Mariens befindet, welche beide Hälften bei Schließung der Tafeln sich verbanden. Die vier Flügel gelangten anläßlich der Klosteraufhebung 1805 in bayerischen Staatsbesitz.

F. R.

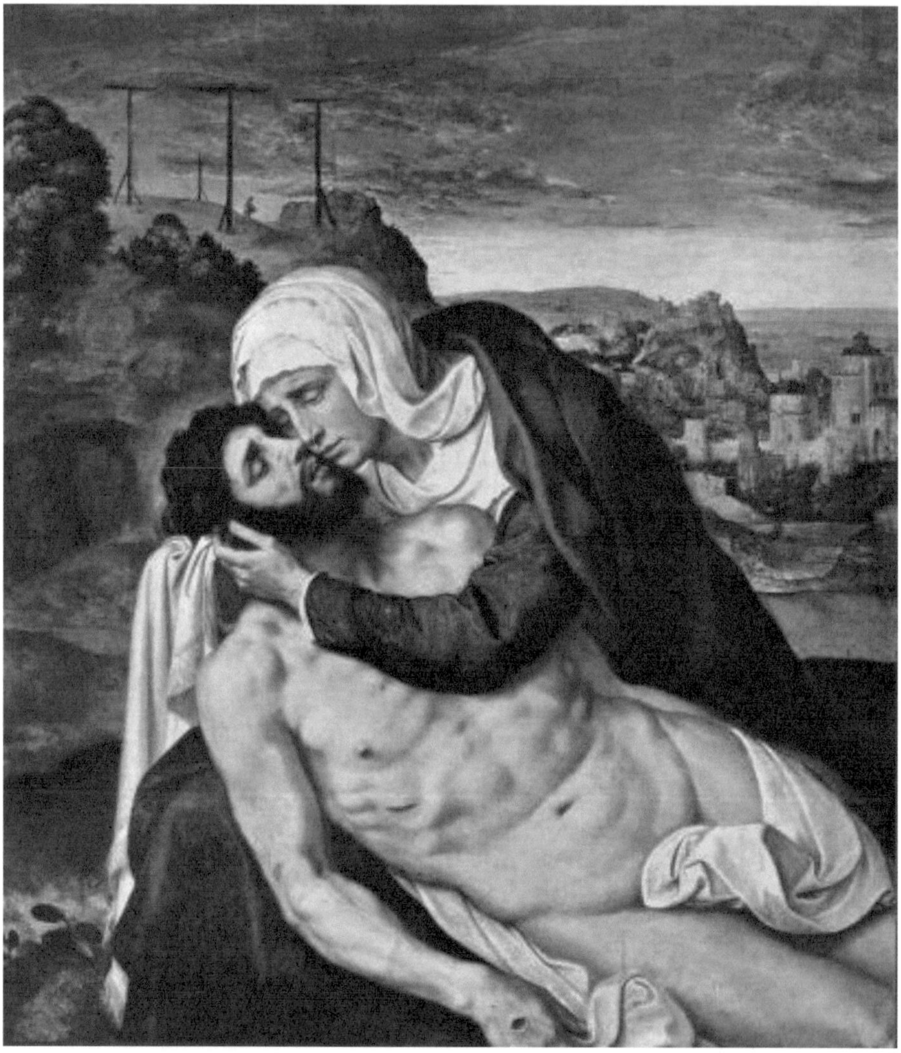

Quentin Massys

10

(1460[?]—1530)

Pietà

Holz, 120×102 cm

Das ausdrucksvolle Meisterwerk gehört zu den in bezug aui seinen Urheber meistumstrittenen der Pinakothek. Dillis konnte es sogar noch 1825 Daniel da Volterra nennen, später wurden unter anderen die Namen Lambert Lombard oder Joos van Cleef in Vorschlag gebracht, womit wenigstens das Entstehungsgebiet getroffen war. Nicht viel näher scheint man der Sache neuestens mit Willem Key zu kommen, der um 1520 in Breda geboren und 1540 mit Frans Floris als Schüler des Lüttichers Lambert Lombard erwähnt, 1842 Freimeister wurde und 1568 in Antwerpen oder Brüssel starb. Denn in der Pietà der Sammlung Six in Amsterdam ist die Christusfigur nur demselben italienischen Vorbild entnommen, während Figuren und Landschaft weit entwickelteren Stil verraten, und die beiden ihm zugeschriebenen Bilder in Pommersfelden haben nichts mit unserer Pietà gemein. Dagegen sprechen triftige Gründe für das Festhalten an der Bezeichnung des Katalogs und an der Urheberschaft des Quentin Massys. Zunächst der Umstand, daß kaum 100 Jahre nach dem Tod des Massys, nämlich um 1628, der Zeit der Herstellung des Kunstinventars des Kurfürsten Maximilian I. von Bayern, die Bezeichnung des Bildes als Q. Massys außer Zweifel stand und daß die Tuschzeichnung hierzu im kgl. Kupferstichkabinett zu Dresden, freilich anscheinend von späterer Hand geschrieben, denselben Namen und die Jahreszahl 1530 trägt, und daß auch die Farbentechnik und speziell die Landschaft den späteren Arbeiten Massys verwandt sind. Die Bedenken wegen der italienischen und speziell michelangelesken Formensprache erscheinen minder schwerwiegend, wenn man erwägt, daß gerade ein Autodidakt wie Massys sich jenen neuen Eindrücken, wie sie sich in dessen letzter Zeit in den Niederlanden reichlich darboten, leichter hingab. Nachdem schon 1506 die Madonnenstatue Michelangelos nach Brügge gelangt, hatten die Studienreisen niederländischer Künstler bereits begonnen, und unter den von diesen mitgebrachten Zeichnungen und Stichen konnten leicht auch solche nach der 1499 entstandenen Pietà des Michelangelo in die Hände Massys' gekommen sein und die Anregung zu unserem Werke gegeben haben. — Die klassische Schönheit und Ausdruckstiefe der beiden Köpfe, die Formengebung der Hände und des nackten Körpers sind bewunderswert und stehen hoch über dem landschaftlichen Hintergrund, dessen Ferne und Luft übrigens auch alle Anerkennung verdient.

F. R.

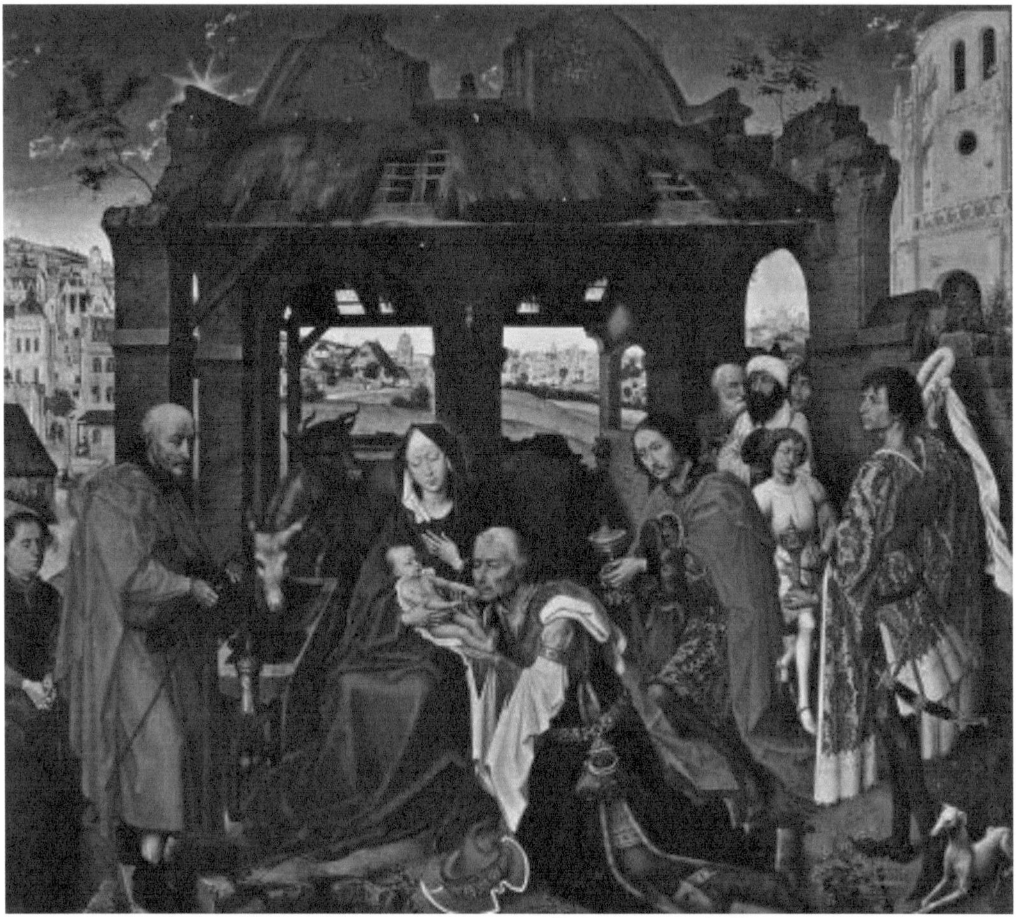

Rogier van der Weyden

11

(1399—1464)

Die Anbetung der drei Könige

Holz, 138×153 cm

Das vorliegende Bild ist das Mittelstück eines Triptychon, dessen Flügel die Verkündigung und die Darbringung im Tempel darstellen. Bei dem verhältnismäßig unbewegten Inhalt der drei Gemälde kann ja der Hauptgegensatz zwischen der vlämischen Schule und der brabantischen, nämlich die zuständliche Auffassung der van Eyck der dramatischen des Rogier gegenüber nicht so augenfällig werden, um so mehr aber der einer mehr tonigen Gesamthaltung jener und der kalten Tonlosigkeit Rogiers, bei welchem sich Figuren, Interieurs und Landschaft in bunter und mittäglich schattenloser Klarheit in tausend Einzelheiten zersplittern. Im übrigen sind Jan van Eyck und Rogier gleich in ihrer hingebenden Treue an das Modell bis zu den kleinsten Nebensachen, in der scharfsichtigen miniaturartigen Durchbildung und in der Gleichwertung von allem, was ihr Auge trifft und ihr spitzer Pinsel darstellt. Entzückt schon an den Flügeln die saubere Sorgfalt insbesondere an den Interieurs, welche im Verkündigungsbild die trauliche Stube der brabantischen Haustochter mit Holzdecke, Himmelbett und geschnitztem Betschemel, am Flügel mit der Darbringung im Tempel das Innere einer Kuppelkirche der Art von S. Gereon in Köln in bewundernswerter Sicherheit darstellen, so gestaltet sich unser Mittelbild noch reicher durch die Zahl der Figuren, durch die pittoreske Stallruine und durch den Ausblick auf Bethlehem, welcher freilich bei nächtlichem Himmel taghell sich ausbreitet, zum Teil höchst reizvoll wie in dem vorstädtischen Ausschnitt über den beiden Tieren, überall über menschliches Sehvermögen hinaus detailliert und ohne Ton wie Luftperspektive. Die Figurengruppe ist in ihrer Anordnung traditionell, aber im einzelnen mit Ausnahme der stilisierten Gewänder nicht typisch, sondern individuell. In dem Bilde des greisen Königs, der dem Kinde den Fuß küßt, hat man Philipp den Guten, in dem rechts stehenden Maurenfürsten das Bildnis Karls des Kühnen vermutet, das Christkind ist entschieden nach der Natur und zwar nach einem etwas dürftigen Modell gezeichnet. Dasselbe ist der Fall bei dem Donator, der links hinter dem hl. Joseph kniet, sicher, leider aber ist dessen Person unbekannt. Das Werk, aus S. Columba in Köln stammend, gehört zu der umfänglichen Sammlung von niederrheinischen und niederländischen Werken des 15. und 16. Jahrhunderts, deren Erwerbung aus dem Besitz der Gebrüder Boisserée zu den glücklichsten Sammelerfolgen des Königs Ludwig I. zählt, und wurde von diesem unter Eigentumsvorbehalt der Königlichen Pinakothek einverleibt. F. R.

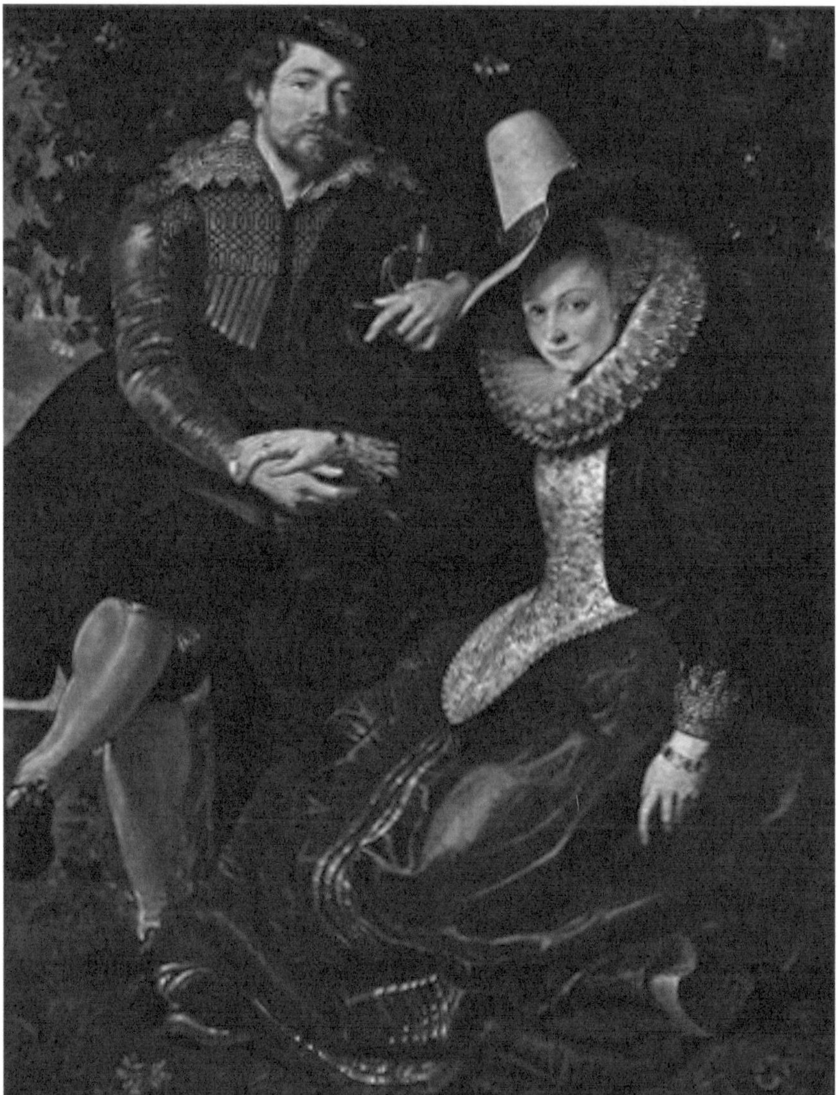

Peter Paul Rubens

12

(1577—1640)

Bildnis des Künstlers und seiner ersten Frau

Leinwand auf Holz, 174×132 cm

Durchmustert man die Arbeiten des Rubens aus seiner Lehrzeit, wie aus seinem mehr als achtjährigen Aufenthalt in Italien, so kann man sich, so vielversprechend auch manches ist, doch des Eindruckes nicht erwehren, daß seine höhere künstlerische Bedeutung erst mit dem Augenblick beginnt, in welchem ihn der Tod seiner Mutter in die Heimat zurückrief, 1608. Man erinnert sich unwillkürlich des Riesen Antaeos, des Sohnes der Gaea, unüberwindlich, wenn er auf dem mütterlichen Boden stand. In Italien beengt durch Kopierarbeit und die Eindrücke der ihn umgebenden Kunst, konnte Rubens seiner überreichen Individualität erst Raum geben, als er sowohl der lähmenden Schuleindrücke des Italianisten Otho van Veen, wie der Fessel der italienischen Meister enthoben war. Schon die ersten größeren Werke nach seiner Rückkehr, die Anbetung der drei Magier (Madrid), das Ildefonsowunder (Wien), die Kreuzaufrichtung und die Kreuzabnahme (Antwerpen), sämtlich zwischen 1609 und 1611 entstanden, zählen zu dem Besten, was der Künstler überhaupt geschaffen. Häusliches Glück scheint dazu beigetragen zu haben: am 13. Oktober 1609 hatte er sich mit Isabella Brant, der Tochter des Gelehrten Jan Brant, dessen Rubenssches Bildnis in der Pinakothek Nr. 799 M. Rooses nachgewiesen, vermählt. Das Glück dieser Ehe, durch das sympathisch liebe Gesicht Isabellens auf unserem Bilde ausgesprochen, wird nach deren frühem Tode von Rubens selbst in einem Briefe an Peiresc vom 15. Juli 1626 mit den Worten bestätigt: »In der Tat, ich habe eine ausgezeichnete Gattin verloren, man durfte, ja man mußte sie mit Grund lieb haben, denn sie hatte keinen der Mängel ihres Geschlechts, nichts als Güte und Zartgefühl. Ihre Tugenden machten, daß sie jedermann während ihres Lebens liebte, jedermann nach ihrem Tod beweinte.« Das Bild scheint aus der Zeit der Brautschaft Rubens' zu stammen, denn der Künstler trägt die ihm im Sommer 1609 verliehene Ehrenkette noch nicht, und es ist hochinteressant als das frühest erhaltene Bildnis des Meisters, in der Vollkraft und Schönheit des Mannes in seinem 32. Lebensjahre. Die Ausführung des Werkes ist von großer Sorgfalt, stellenweise sogar von einer gewissen Schärfe der Zeichnung, aber entzückend durch die vornehme Ungebundenheit der Stellung, wie durch die Kraft der Farbe. Es ist zu vermuten, daß es oben etwas beschnitten wurde und daß ursprünglich noch der ganze Hut des Mannes und etwas mehr von der Geißblattlaube sichtbar war. — Aus der Düsseldorfer Galerie.

F. R.

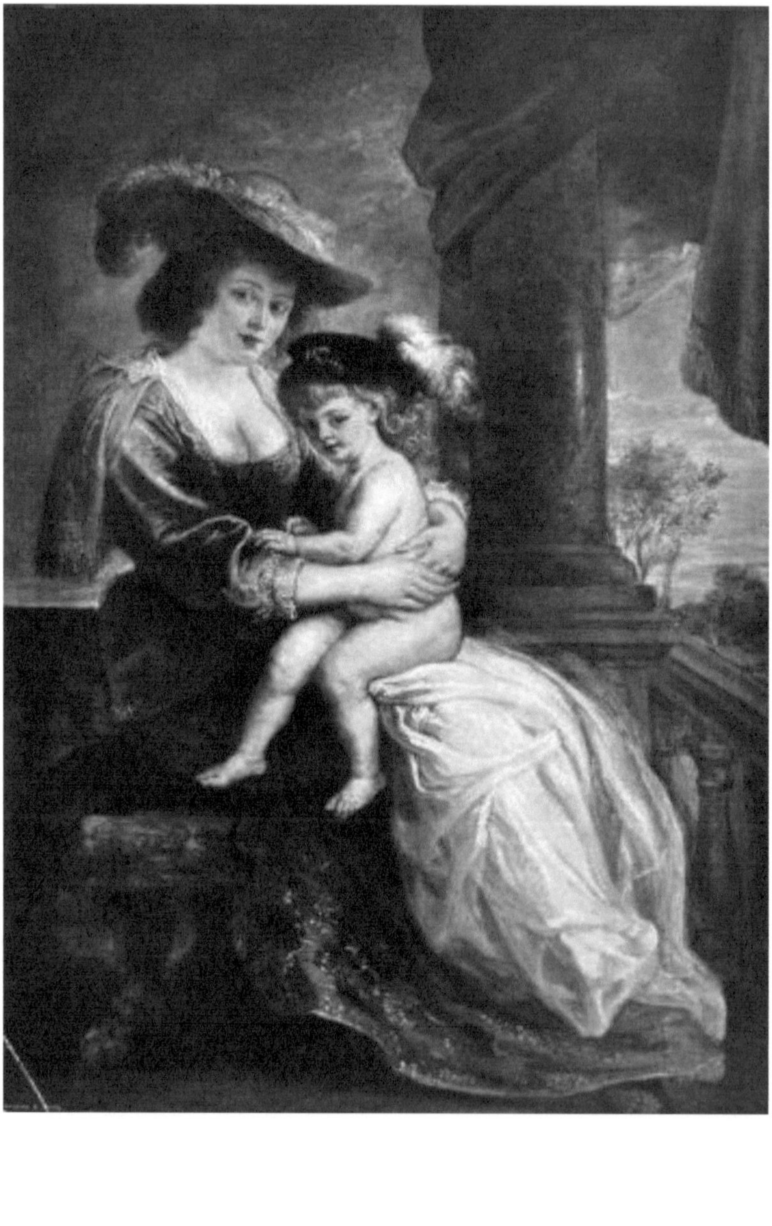

Peter Paul Rubens

13

(1577—1640)

Bildnis der Helene Fourment

zweiten Frau des Künstlers

Holz, 165×116 cm

Am 6. Dezember 1630 hatte Rubens, damals 53 Jahre alt, seine zweite Ehe mit der sechzehnjährigen Tochter des angesehenen Kaufmanns Daniel Fourment geschlossen, der schönen Helene, ihm von deren Kinderzeit her bekannt, und mit ihm sogar dadurch verschwägert, daß ihr Bruder Daniel seit 1619 mit Clara Brant, einer Schwester von Rubens' erster Frau, Isabella Brant, vermählt war. M. Rooses berichtet, daß Helene schon als zehnjähriges Mädchen zu dem Rubensschen Bilde der Erziehung Mariä (Museum von Antwerpen) als Modell gedient, wobei der Meister der Mutter Anna die Züge seiner eigenen Mutter gegeben habe. Helene galt in ihrer Brautzeit als eine in der Fülle und Frische ihres Wesens entzückende Schönheit, und das lateinische Hochzeitsgedicht des Gevartius preist dieselbe in einer seltenen Begeisterung. Und diese Schätzung blieb bestehen, wie denn noch kurz vor Rubens' Tode der Kardinal-Infant Don Fernando in einem Brief an seinen Bruder König Philipp IV. sie als „die schönste Frau, die man hier findet", bezeichnet. Und daß des Meisters eigene Ansicht dem gleichen gesundheitstrotzenden Ideal huldigte, beweist der Umstand, daß er schon in seinen frühesten Arbeiten und noch ehe Helene den Kinderschuhen entwachsen war, den üppigen Typus der Frauengestalten bevorzugte. Die Kgl. Pinakothek besitzt Abbildungen Helenens aus verschiedenen Jahrgängen. So das prächtige Bildnis im Brautstaat, Nr. 794, dann den sicher bald darauf entstandenen sogenannten Spaziergang im Garten, Nr. 798, weiterhin zwei Halbfiguren, Nr. 795 und 796, und von der „Schäferszene" mit den Zügen der Gatten, Nr. 759 abgesehen, unser Bild, wohl um 1635 entstanden. In einer Gartenveranda sitzend hält Helene, in Grün und Violett gekleidet und einen Federhut auf dem Kopfe tragend, ihr bis auf ein Samtbarett völlig unbekleidetes etwa dreijähriges Söhnchen auf dem Schoße. Der farbige Vortrag ist von jener genialen Leichtigkeit, wie sie dem letzten Lustrum des Meisters eigen ist und dessen höchste Entwicklungsphase darstellt. — Das Bild wurde 1698 durch Kurfürst Max Emanuel von Bayern als Statthalter der spanischen Niederlande von Gisbert van Ceulen in Brüssel erworben. F. R.

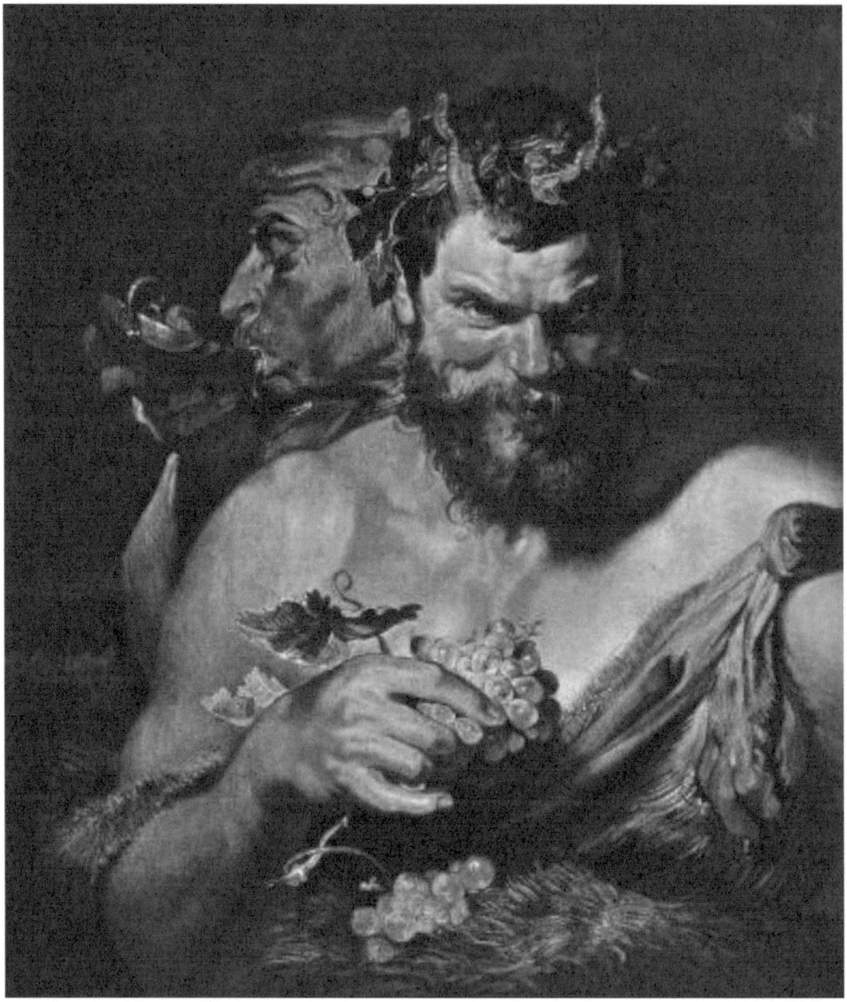

Peter Paul Rubens

14

(1577—1640)

Zwei Satyrn

Holz, 76×66 cm

Max Rooses, Rubens' Leben und Werke 1890, S. 96 ff., zählt unser Werk zu den in Italien, speziell in Rom, um 1607 gemalten. Als Hofmaler des Vincenzo Gonzaga, Herzogs von Mantua und Montferrat, mit dem er in Venedig durch einen Zufall und die Vermittelung eines Mantuaner Kavaliers im Jahre 1600 in Verbindung gekommen, war er in unmittelbare Berührung nicht bloß mit den Kunstschätzen des Gonzagahofes, nächst Rom und Florenz wohl den reichsten Italiens, sondern mit der ganzen italienischen Kunst durch Kopieraufträge des Herzogs in andern Städten, vorzugsweise in Rom, gelangt. Dazu war seine persönliche Stellung bald eine ähnliche geworden, wie jene Mantegnas zu Lodovico III. und Giulio Romanos zu Federigo III. Gonzaga gewesen. Von Wichtigkeit war auch, daß seine klassische Bildung als Schüler des Justus Lipsius ihn in Rom der Antike so nahe brachte, daß der Arzt Joannes Faber ihn als „gelehrten Liebhaber von Altertümern in Marmor und Bronze" besonders hervorhob (Rerum medicarum thesaurus, 1651, p. 831), und daß er auch später mit Vorliebe Antiken sammelte. Wie daher das Motiv zu dem Bilde der Entführung der Töchter des Leukippos von einem borghesischen Relief herrührt, so entstammte die Anregung zu unserem Bilde wahrscheinlich auch einem antiken Vorbilde, welches vorzugsweise aus dem Grunde noch nicht nachweisbar ist, weil Rubens nicht eigentlich kopierte, sondern stets nach eigenem Geschmack seine Kompositionen malerisch um- und durchbildete. Der plastische Grundzug ist jedoch noch deutlich durchzufühlen, und zwar mehr als in seinen späteren Werken bacchischen Inhaltes, nicht zu gedenken der schönsten unter den Silengruppen in dem Bilde der Pinakothek Nr. 754, welches gewiß nicht identisch ist mit jenem, das nach einem Briefe des Philipp Rubens an de Piles schon 1613 gemalt wurde: Denn die vollendet malerische Auffassung unseres Silenzuges läßt die plastische Erinnerung an die Reliefs im kapitolinischen Museum wie im Museo Nazionale in Rom bereits völlig verblaßt und die unmittelbare Naturbeobachtung durchaus sieghaft erscheinen. — Das Bild der beiden Satyrn, zu den besten Schöpfungen der Frühzeit des Meisters zählend, stammt aus der kurbayerischen Sammlung.

F. R.

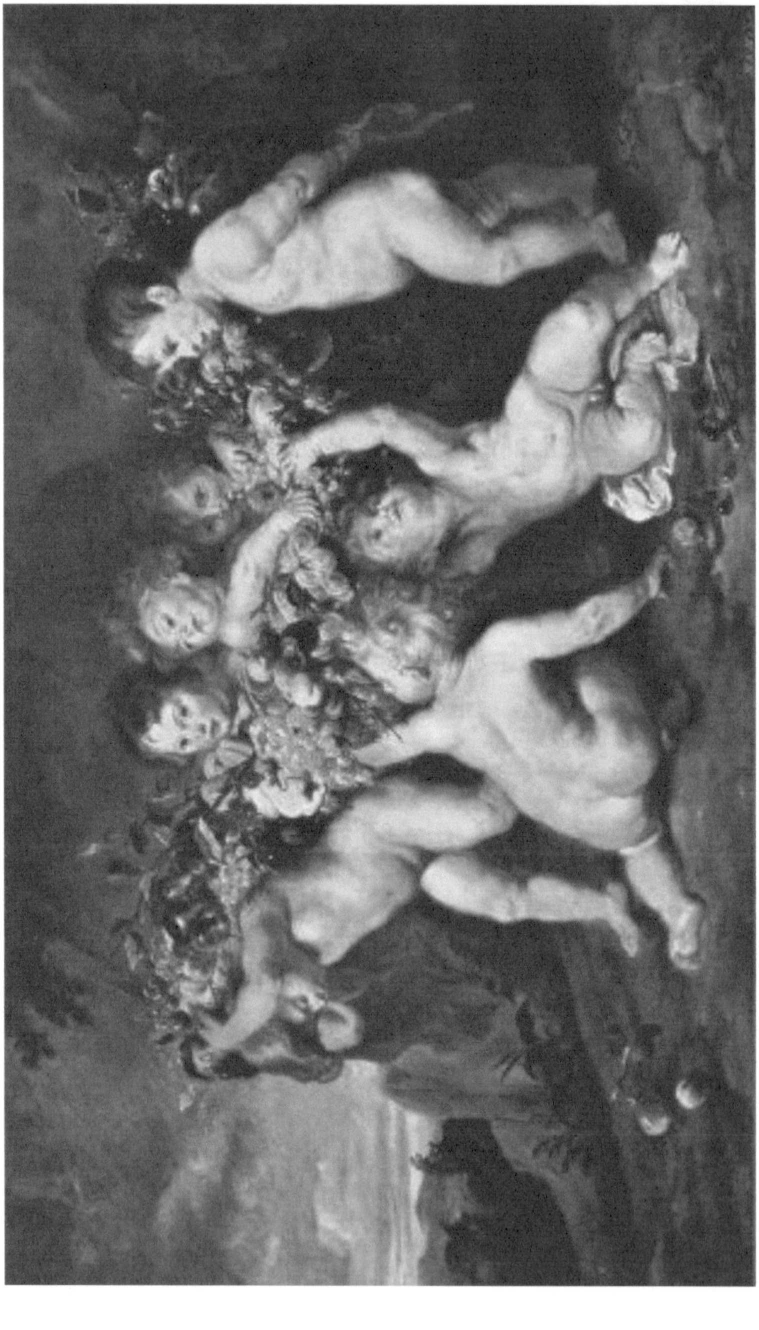

Peter Paul Rubens

(1577—1640)

Der Früchtekranz

Leinwand, 117×203 cm

Sieben lebensgroße nackte Kinder tragen spielend ein volles Fruchtgewinde. Den Hintergrund bildet eine Felswand; links öffnet sich die Landschaft mit Nachmittagshimmel. Das schwellende Leben dieser reizenden Kinderkörper, die natürliche Anmut ihrer Bewegungen und der schelmische Ernst ihres Treibens, — wie ist der Maler der feierlichen Kirchentafeln und der dramatisch bewegten Historien zu dem Liebreiz solcher einfachen Erfindung, dieser an die Antike erinnernden Naivität gekommen? Wir denken zunächst an die Kinderengel Tizians, die desselben Geistes sind, sie treiben auf großen Altartafeln über Madonnen und Heiligen dasselbe Spiel mit weltlicher, neckischer Lust und Grazie, und diese „heiligen Kinder" sind dann nicht wieder verschwunden aus der italienischen Kirchenmalerei, sie finden sich bei den Caracci, bei Guido Reni, Guercino und ihren Nachzüglern bis in die späteste Zeit, ebenso bei den Spaniern, wo allein der eine Murillo schon unvergänglichen Ruhm haben würde, wenn er nichts weiter gemalt hätte als seine Engelkinder. Rubens war früh in Italien gewesen, er übernahm von den Italienern ein religiöses Genrebild, wie es am vollkommensten Correggio entwickelt hat, weltlich und weich, freundlich bis zum Tändelnden, wo der heilige Inhalt nur noch die Unterlage abgibt für künstleriche Stimmung und malerische Erfindung in Form und Farbe. Auf diese Weise wird die Kindheit Christi behandelt, mit Vorliebe die Ruhe auf der Flucht nach Ägypten, sogar die Beweinung Christi. Dem Rubens folgte auf diesem Wege van Dyck, der in solchen Darstellungen sogar der größere Meister ist, und Murillo. Ein weiterer Schritt auf diesem Wege geschieht, wenn — bei allen dreien — aus den biblischen Kompositionen das Christkind und der kleine Johannes sich loslösen und selbständig, begleitet von geflügelten Putten, kleine Szenen aufführen, wenn das flachsblonde Christkind dem etwas derberen, brünetten Johannes die Wange streichelt, oder dieser auf seinem Fell sitzt und dem Christkind ein Lamm zum Spielen hinreicht. Auch hierin waren die späteren Italiener seit den Caracci schon vorangegangen; sie lassen das Christkind mit den Marterwerkzeugen spielen, auf einem liegenden Kreuz schlafen. Tizian hält sich noch von solchen Spielereien fern. Dergleichen Kinderszenen sind moderne Seitenstücke zu den spätgriechischen Reliefs aus dem bacchischen Kreise, wo Amoretten oder ungeflügelte Putten das Treiben der Großen scherzend nachahmen, Weinlese, Kelterfest, bacchische Prozessionen, — moderne Umbildungen, dürfen wir sogar sagen, indem wir zu unsern Kindern mit dem Früchtekranz zurückkehren. Diese sind flügellos, also profan gedacht, wie z. B. die tanzenden Kinder auf den Bildern des Bolognesen Francesco Albani, die Rubens zum teil gekannt haben kann. Er kannte aber vor allem antike Reliefs der vorhin bezeichneten Art, und sein „Früchtekranz" ist ganz im Geiste der antiken Genreplastik erfunden, ohne jedoch irgendwie zu antikisieren, völlig naiv und von eignem Leben erfüllt, um soviel lebenswärmer als die antiken Vorbilder, als es die moderne Malerei eines solchen Meisters der antiken Plastik gegenüber sein kann. — Unser Bild ist 1806 mit der Düsseldorfer Sammlung nach München gekommen.

Adolf Philippi

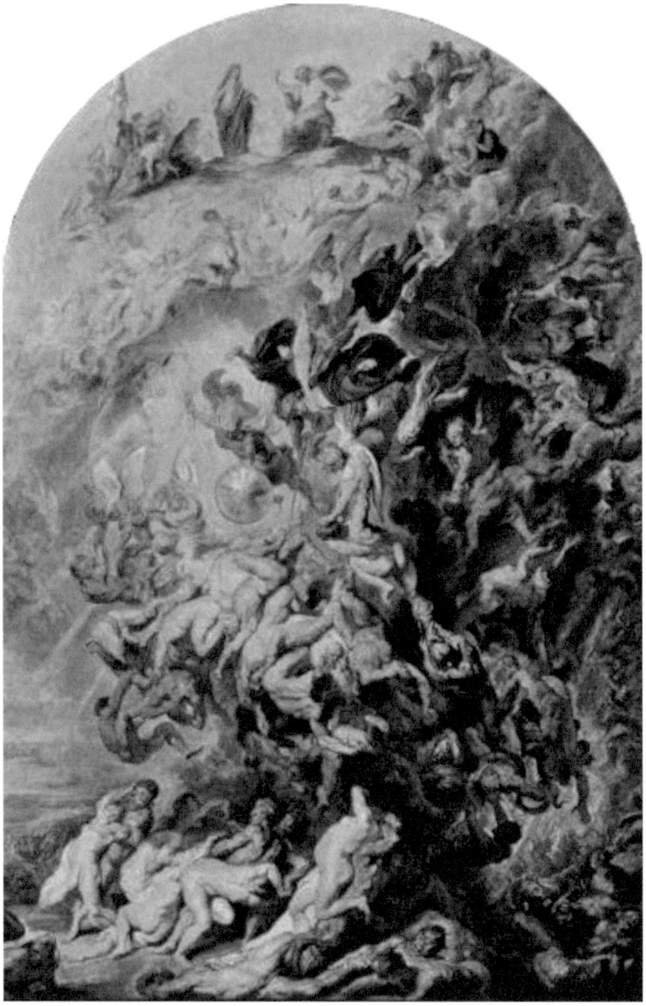

Peter Paul Rubens

(1577—1640)

Das (kleine) Jüngste Gericht

Holz, 182×120 cm

Wir kennen die Daten für drei Rubenssche Darstellungen verwandten Gegenstandes wenigstens annähernd. Das große „Jüngste Gericht" der Münchener Pinakothek, von dem Pfalzgrafen Wolfgang Wilhelm von Neuburg für die Jesuitenkirche in Neuburg bestellt, mußte vor 1618 entstanden sein (W. Hookham Carpenter, trad. par L. Hymans, Memoires et documents inédits sur A. v. Dyck, P. P. Rubens et autres artistes contemporains. Anv. 1845, p. 171). Der „Engelsturz", von demselben Pfalzgrafen für die Kirche in Hemau nach Vollendung der zwei Seitenaltarbilder der Neuburger Kirche 1619 in Auftrag gegeben und wie das vorstehende Bild gleichfalls mit der Düsseldorfer Galerie nach München gelangt, erscheint schon 1621 in dem L. Vorstermannschen Stich reproduziert. Nahezu gleichzeitig dürfte auch der »Sturz der Verdammten« sein, wenigstens datiert ihn Philipp Rubens in einem Briefe an de Piles mit 1621 (Ch. Ruelens, La vie de Rubens par Roger de Piles: Bulletin Rubens II. 166). Max Rooses glaubt es freilich beträchtlich früher, nämlich 1614 setzen zu müssen. — Für unser Bild liegen keine Nachrichten über die Entstehungszeit vor. M. Rooses denkt an die Zeit um 1615, E. Michel setzt es in die Jahre 1616 und 1617. Es ist wie bei den vorgenannten Werken die Zeit der blühendsten Phantasie und des Wagemutes des Meisters, welcher in kühnen Posen und in dem Bestreben schwelgt, die schwierigsten Probleme von Stellung und Bewegung zu lösen. Doch verbindet sich hier dieses Streben bei aller Freiheit von Zwang und Gebundensein mit einer den anderen genannten Schöpfungen fehlenden Abgewogenheit der Anordnung und Durchführung der Gesamtkomposition wie der Einzelgestalten und Gruppen, die nichts unklar, gehäuft oder gedrängt erscheinen läßt, wie das an dem »Sturz der Verdammten« durch allzu bündelhafte Dichtheit und Verwirrtheit des diagonal verlaufenden Knäuels der Fall ist, bei welchem die stark hervortretenden feisten Schlemmer der Schönheit allzu empfindlich entgegentreten. Daß in unserem Bilde die Glorie und das Emporschweben der Seligen hinter der breiten und kraftvollen Darstellung des Sturzes der Verdammten stark zurücktritt, kann nicht getadelt werden, da die himmlische Gruppe vielmehr als eine vorausgegangene, sich im Mittelgrunde verlierende Szene zu betrachten ist. Die Gruppe der Verdammten bot auch der Phantasie des Künstlers mehr Gelegenheit zur Entfaltung, sowohl durch ihren unerschöpflichen Formen- und Bewegungsreichtum wie durch die momentane Lebendigkeit des Schwebens, Stürzens, Zerrens und Gezerrtwerdens, an der rechten Seite gesteigert bis zum Höllenpfuhl herab, der mit den Gewaltszenen am Boden eine gewaltige Basis bildet. — Und das Ganze erscheint getaucht in den Zauber eines wechselvollen, an der linken Seite zarten und duftigen, rechts kraftvollen, glühenden Kolorits, welches ebenso dem Gegensatze der himmlischen wie der Höllengruppe, wie jenem der Geschlechter und der Opfer den diabolischen Gewalten gegenüber gerecht wird, wobei es nur eines lasurartigen Farbenauftrags bei durchscheinendem Malgrunde bedarf. Dabei feiert das malerische Prinzip seinen vollendetsten Triumph. Man kann nicht umhin, sich der diametral anderen Auffassung von Michelangelos Jüngstem Gericht vergleichend zu erinnern, bei welchem die architektonisch plastische Anordnung und Durchbildung bedingend erscheint, wie sie der italienischen Kunst mit wenigen Ausnahmen anhaftet, und nur vom venezianischen Cinquecento teilweise und selbst von Correggio nicht ganz überwunden wird. Ohne Vernachlässigung der Form geht das Werk in der Farbe auf, getragen von einer malerischen Meisterschaft, deren Einheit keine Gehilfenhand stört, die uns an Rubens' umfänglicheren mythologischen, kirchlichen und dekorativen Schöpfungen gelegentlich verstimmt. — Die Rückseite des Bildes zeigt eine ziemlich belanglose Landschaft, unaufgeklärt bezüglich ihres Zweckes wie selbst hinsichtlich der Urheberschaft. Vielleicht war das Bild in einer Hauskapelle umgehbar aufgestellt und machte es dadurch wünschenswert, das rohe Holz dem Auge zu entziehen.

F. R.

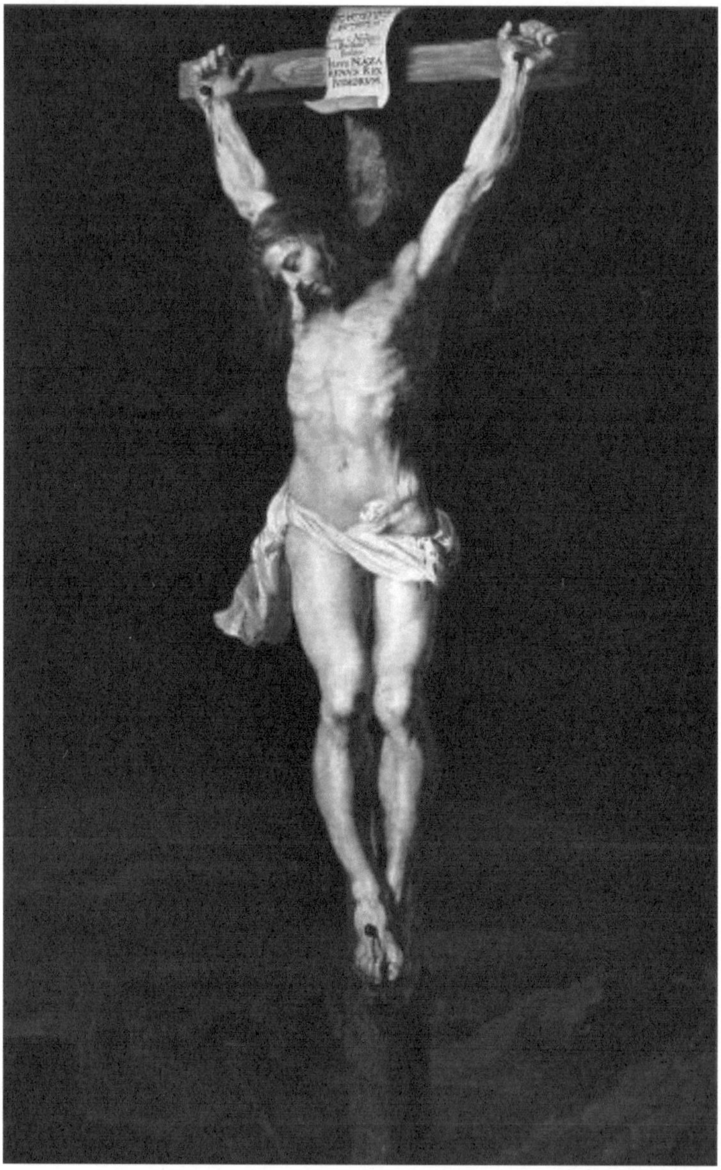

Peter Paul Rubens

(1577—1640)

Christus am Kreuz

Holz, 143×92 cm

Mit dem großen Kreuzigungsbilde, welches Rubens bald nach 1613 für die neugebaute Kapuzinerkirche in Antwerpen gemalt, um damit der Kreuzaufrichtung und der Kreuzabnahme gewissermaßen die Hauptszene hinzuzufügen, hatte der Meister ähnlich wie bei den wiederholten Darstellungen des Jüngsten Gerichtes den wichtigsten Gegenstand der religiösen Malerei in seinen Darstellungskreis gezogen. Das herrliche Bild, 1794 nach Paris entführt, von Napoleon I. an das Museum von Toulouse geschenkt, batte lange genug an seiner Entstehungsstelle gestanden, um nicht bloß den Meister und seine Nachfolger zu wiederholter Lösung des Problems zu reizen, sondern auch die Zeitgenossen zu bestimmen, Kruzifixusbilder von Rubens zu verlangen. So folgten zunächst zwei kleinere und vereinfachte Darstellungen desselben Gegenstandes, jetzt in den Museen zu München und in Mecheln, von welchen wir die erstere in unserer Tafel wiedergegeben finden. Sie sind bemerkenswert durch eine an Kirchenbildern des Meisters seltene Empfindung, durch Schönheit der Körperformen und durch die braunen Schatten, welche den Ubergang von dem magischen Licht der Gestalt zu dem nächtlichen Himmel stimmungsvoll vermitteln. Die unterlebensgroße Figur wie die kleinen Dimensionen lassen nicht an kirchliche Altarbilder denken, während die private Nachfrage nach dem häuslichen Andachtsbilde mäßigen Umfang bevorzugte. Lehnte doch Sir Dudley Carleton unter den zwölf Gemälden, welche ihm Rubens im Tausch gegen Antiken 1618 angeboten, einen leider nicht mehr nachweisbaren Kruzifixus ab, weil er zu groß ('12×5') war, obwohl ihn Rubens als das beste Bild, das er gemalt, bezeichnete und doch nur 500 Gulden dafür berechnete. Für große Altargemälde erstrebte Rubens stets figurenreiche dramatische Lebendigkeit, wie sie uns auch in dem um die gleiche Zeit entstandenen „Christus mit dem Lanzenstich" entgegentritt, das Nic. Rockox 1620 für den Hochaltar der Minonitenkircbe in Antwerpen stiftete, jetzt ein Hauptwerk im Museum daselbst. Im Hause dagegen mochte die Ruhe nach dem Tode und der menschenleere Schauplatz im nächtlichen Dunkel entsprechender erscheinen. — Das Bild stammt aus der Düsseldorfer Galerie. F. R.

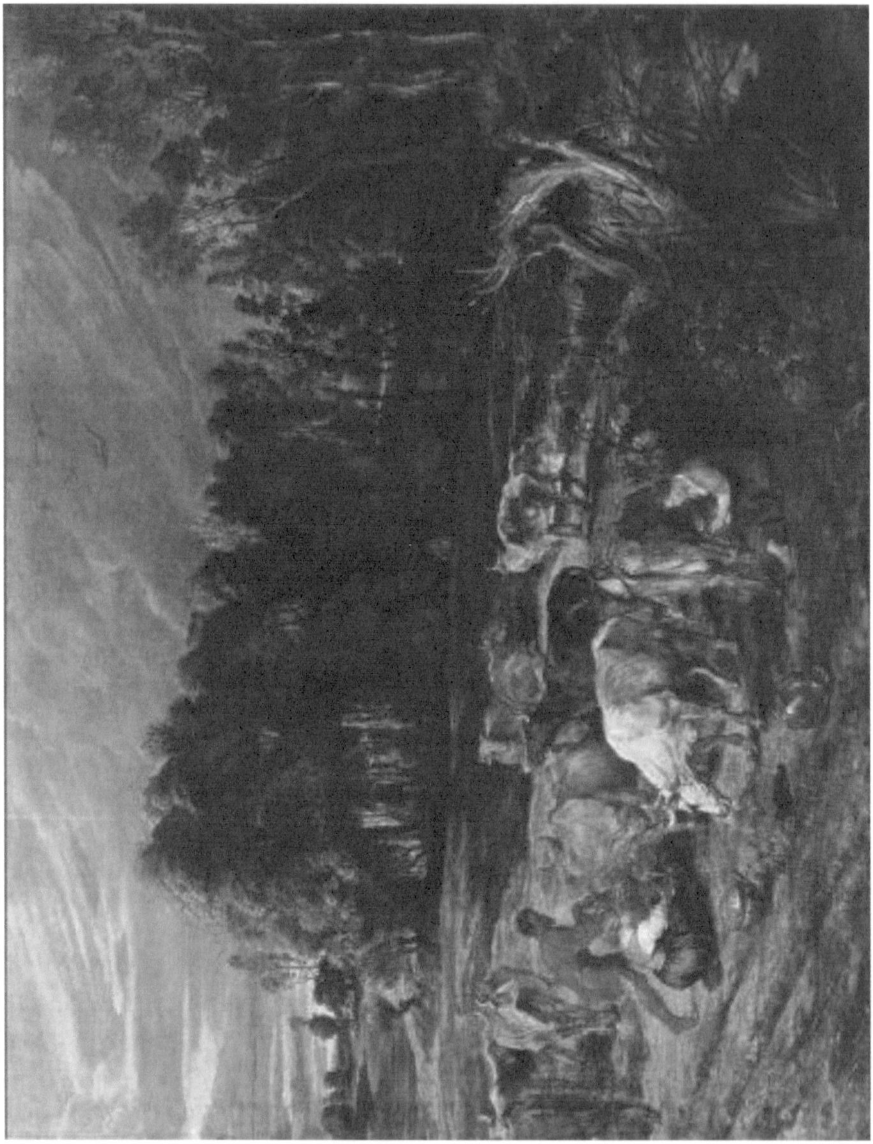

Peter Paul Rubens

18

(1577—1640)

Polderlandschaft mit Kuhherde

Holz, 71×103 cm

Zu den erstaunlichsten Künstlereigenschaften des Rubens gehört dessen Vielseitigkeit. Er beherrscht alle Gebiete malerischer Tätigkeit, ohne daß in irgend einem Minderwertigkeit zutage träte. Abgesehen von seiner epochemachenden, führenden Meisterschaft im Mythologischen, im Kirchenbild, in der Geschichtsdarstellung und im Bildnis finden wir ihn auch in dem freilich weniger gepflegten Genre auf gleicher Höhe. Ebenso im Tierstück und zwar nicht minder in Pferde- und Jagddarstellungen, wie im Herdenstück und bis zum Federvieh herab (man denke an die Enten auf der Landschaft mit dem Regenbogen oder an Pfau und Truthühner im Spaziergang). Sogar das Stilleben, Blumen und Früchte weiß er zu meistern, wie die Ranken auf dem Brueghel-Rubensschen Blumenkranz oder die Früchte am Früchtekranz beweisen. Eine ganz besondere Neigung aber widmete er der Landschaft, welche er doch in seiner früheren Periode noch stilistisch-dekorativ auffaßte oder auf Hintergründe beschränkte und im letzteren Fall meist seinen Gehilfen überließ. Seit er aber selbst Landwirt geworden, schon durch die Erwerbung des Hofes von Urssele (1627) und namentlich seit dem Ankauf des großen Schloßgutes Steen (1635), verließ er die bunte stilisierende Art seiner vlämischen Vorgänger und Zeitgenossen, und wandte sich ganz dem Naturstudium zu. Man kann sich einen Naturausschnitt kaum schlichter und wahrer, unmittelbarer und frischer denken, als er sich in unserem Bilde ausspricht, welches einen feuchten Poldergrund mit einer Baumgruppe an einem Graben darstellt. Und diese einem Ruysdael und Hobbema nicht nachstehende Landschaft verbindet sich mit einer Viehherde, welche an momentanster Lebendigkeit und Mannigfaltigkeit einen Potter nicht bloß erreicht, sondern überbietet, noch weiter gehoben durch melkendes Gesinde. Das unmittelbare Naturstudium wird aber um so augenfälliger, wenn man unser Bild mit der Phantasielandschaft mit dem Regenbogen derselben Galerie vergleicht, deren Staffierung in Gespann und Hornvieh geradezu mangelhaft und proportional verfehlt erscheint, wie auch der Regenbogen in der Farbenfolge falsch ist. — Das Bild wurde 1698 durch Kurfürst Max Emanuel von dem Händler Gisbert van Ceulen gekauft.

F. R.

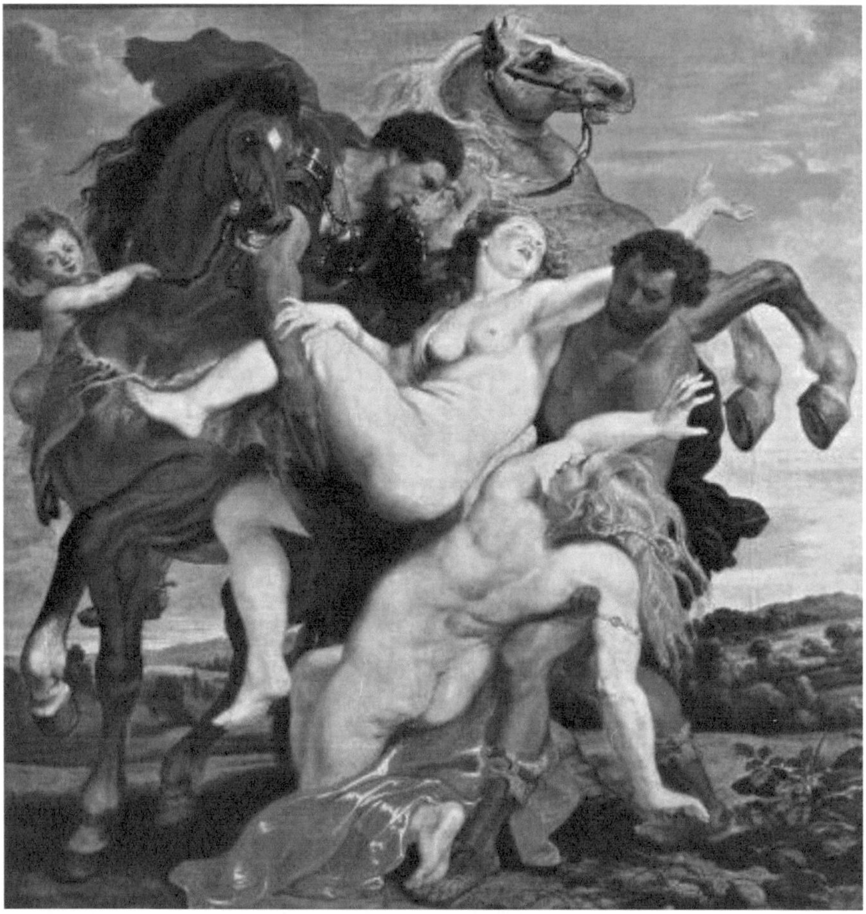

Peter Paul Rubens

(1577—1640)

Der Raub der Töchter des Leukippos durch die Dioskuren

Leinwand, 222×209 cm

Der Mythos der Dioskuren ist bekanntlich durch die Lokalsagen sehr kompliziert. Sie erscheinen hier als die Lichtgötter, welche die Lichtgestalten Hilaeira (die Heiterglänzende) und Phoebe (die Leuchtende), Töchter des Messeniers Leukippos, als Geliebte entführten. Die Komposition ist bei aller Bewegtheit ohne alle gewalttätige Aufdringlichkeit und von maßvoller geschlossener Schönheit. Die Wahrheit der nackten weiblichen Blondgestalten, die mehr erschreckt als widerstrebend sich ergeben, verbindet sich mit bezauberndem Reiz der elastischen Formen, welche im Gegensatz zu dem mehr barocken Gliederbau von Rubens' späterer Zeit noch von der klassischen Nachwirkung Italiens Zeugnis geben. Macht sich dabei auch schon die Üppigkeit des Fleisches, wie sie Rubens eigen ist und bleibt, fühlbar, so ist doch die Farbe kühl und von emailartigem Schmelz, in ihrer blonden Lichtheit scharf kontrastierend gegen das braune Fleisch der beiden Jünglinge, welche kraftvoll und doch mit zarter Schonung die Mädchen auf die unruhigen Pferde heben. Das mythologische Wesen, Rubens' Kunst stets das Zusagendste, weshalb er auch, unterstützt von der durch klassische Bildung genährten Phantasie, selbst seine historischen Bilder stark mit mythischen und allegorischen Gestalten versetzt, feiert in unserem Werke einen seiner Triumphe. M. Rooses, welcher wohl mit Recht das Bild in die Jahre 1619/20 setzt, will daran eine weitgehende Mitwirkung des jungen van Dyck erkennen, zunächst in den Pferden, welche ihre Modelle wohl ebenso wie in der Löwenjagd in Rubens' Marstall hatten, dann aber auch in der malerischen Ausführung der nackten Körper der Leukippiden. Auch die Landschaft dürfte auf Gehilfenhand hinweisen, deren Mitwirkung schon aus dem Grunde nicht gering angeschlagen werden kann, da Rubens damals nicht bloß stark mit Aufträgen belastet erscheint, sondern auch selbst über zu große Schülerzahl klagt. — Das Werk stammt aus der Düsseldorfer Galerie. Im Katalog von Pigage 1777 figuriert es noch unter dem Titel „Entführung von zwei Frauen", doch weiß der Verfasser bereits, daß Winckelmann in seiner Abhandlung über die Allegorie, Dresden 1756, S. 46 eine ähnliche Darstellung auf einem Urnenrelief der Villa Medicis in Rom, vorher als Raub der Sabinerinnen erklärt, als den Raub der Leukippiden durch die Dioskuren gedeutet habe. Vielleicht dankte Rubens diesem Relief die Anregung zu unserem Gemälde.

F. R.

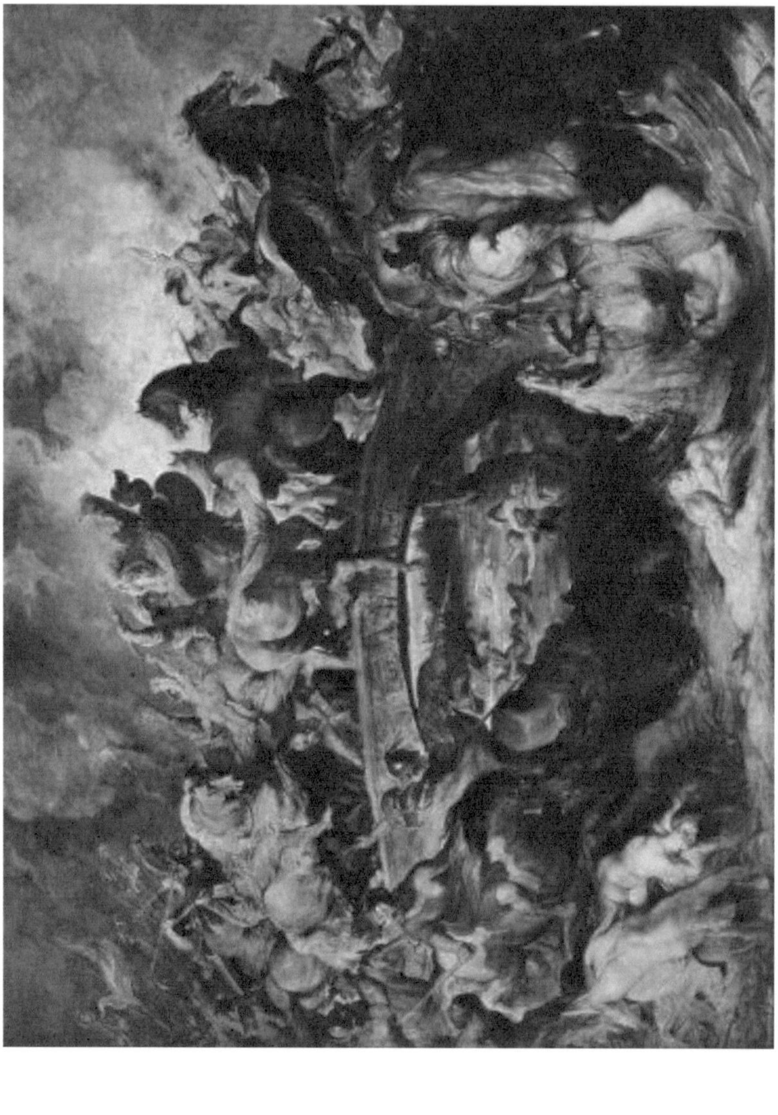

Peter Paul Rubens

20

(1577—1640)

Die Amazonenschlacht

Holz, 121×165 cm

Das herrliche Bild stammt aus den ersten Jahren nach Rubens' Rückkehr aus Italien, und wurde wie die Kreuzaufrichtung (Kathedrale zu Antwerpen) für Cornelis van der Geest gemalt, wahrscheinlich zwischen 1610 und 1612, schwerlich erst 1615, wie Philipp Rubens, der Neffe des Künstlers, an Roger de Piles berichtet (M. Rooses, Rubens' Leben und Werke. 1890). Der Meister war damals noch voll von italienischen Reminiszenzen, von Tizians Kolorit wie von italienischer Formensprache. Auch reizten ihn noch italienische Kompositionsvorbilder. Kannte er doch die Brückenflucht aus dem Siege Konstantins an der milvischen Brücke im Vatikan. Auch hatte er nach einer Kopie oder einem Stich der 1577 im Dogenpalast verbrannten Schlacht von Cadore den Brückenkampf gezeichnet, wie auch nach dem Lionardoschen Karton der Anghiarischlacht den Reiterkampf um die Fahne (gestochen von Edelinck). Brückengefecht und Fahnenkampf bilden aber auch in unserem Bilde des Zusammenpralls des Theseus mit der Talestris und ihren Amazonen die Hauptszene. Das Kampfgewühl auf der Brücke findet seine Fortsetzung an beiden Ufern und in den Fluten des Thermodon im gewagtesten Fluchtgedränge der berittenen Amazonen über lebende und tote Frauenleiber, alles getaucht in das reichste Farbenspiel, das sich über Menschen und Pferde, wie über Himmel und Wasser in einer rauschenden Harmonie ergießt, wie sie Rubens selbst nur selten überboten. Wie hoch der Meister sein Werk schätzte, erhellt aus dem Umstand, daß er es von Lukas Vorstermann in seltener Größe (6 Blätter) stechen ließ, nach Bellori vermittelst einer Zeichnung von van Dyck. In der zweiten Hälfte des 17. Jahrhunderts befand sich das Bild im Besitz des Herzogs von Richelieu und gelangte um 1690 für 1800 Gulden in jenen des Kurfürsten Johann Wilhelm von der Pfalz. Mit der Düsseldorfer Galerie kam es 1806 nach München. F. R.

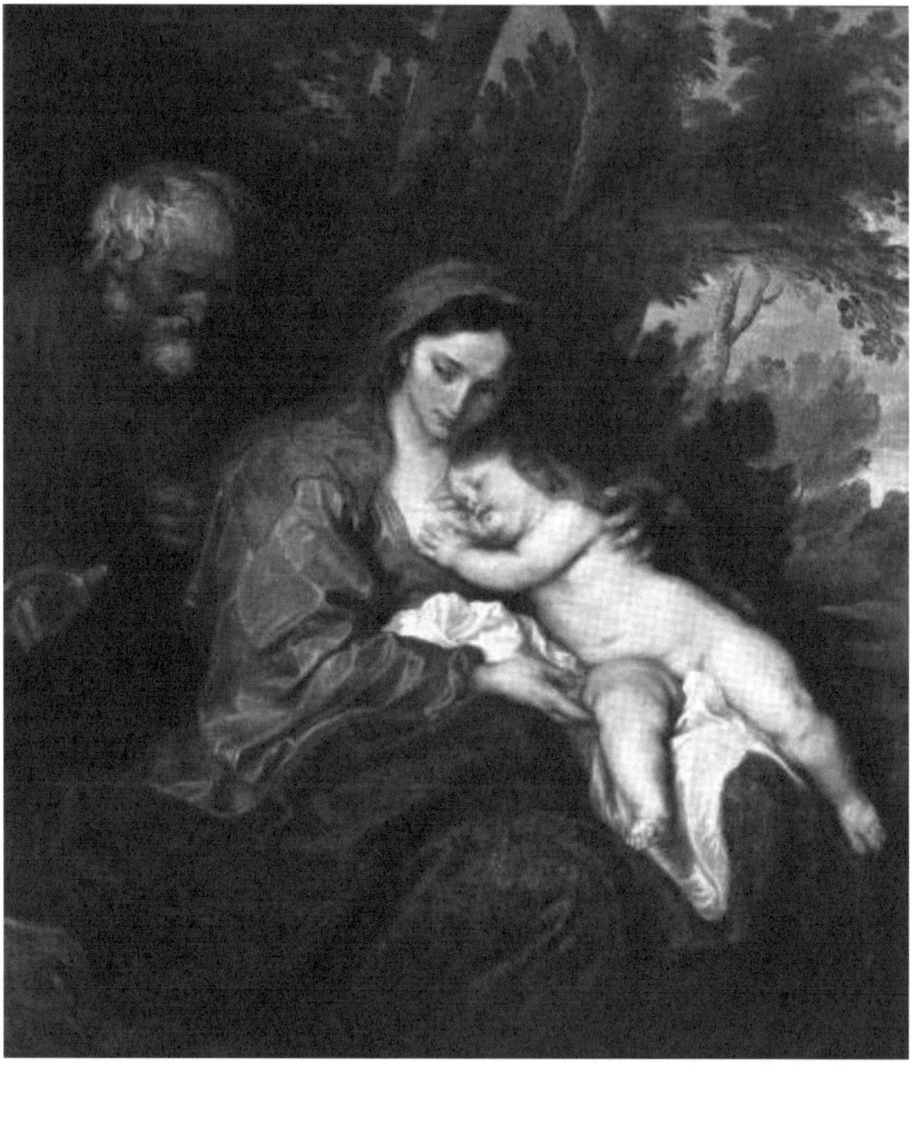

Anthonis van Dyck

(1599—1641)

Die Ruhe auf der Flucht nach Ägypten

Leinwand, 135×115 cm

Die religiöse Malerei van Dycks war in der Zeit vor seinem italienischen Aufenthalt im allgemeinen von beschränkter Bedeutung. Rubens selbst drängte ihn, gewiß durchaus wohlmeinend und ohne jede eifersüchtige Regung aufs Bildnis, obwohl er ihn weitgehend „als seinen besten Schüler" an seinen eigenen religiösen Bildern beschäftigte. So eng er sich aber damals notwendig an die Art seines Meisters anschloß, so trieb er doch dieselbe einerseits vom Kraftvollen ins Derbe, anderseits aber auch in eine gewisse durch den formal pathetischen Akzent statt des Dramatischen des Rubens nicht wesentlich belebte kalte Leere. Dies änderte sich in Italien gewaltig, indem er sich weit mehr, als dies die ungleich selbständigere Natur eines Rubens ermöglichte, den italienischen und namentlich tizianischen Einflüssen hingab. Seine Darstellung wurde dabei weich und lyrisch, wobei er gewiß auch gelegentlich sogar Rubensschen Werken den Vorrang ablief. Besonders die Madonnendarstellungen „lagen ihm" mehr, die Empfindung der Mutter Gottes mit dem Kinde wie der schmerzhaften Maria in den Beweinungsbildern ist ansprechender als die übergesunde Fülle in Rubensschen Mariendarstellungen. Aber bei aller Formen- und Farbenschönheit wird man namentlich an der Beweinung Christi in der Pinakothek den Eindruck eines gewissen theatralischen Gebärdenaffektes nicbt los, welcher, zwar minder empfindlich als an den Sebastiansbildern, die Wahrheit und Tiefe beeinträchtigt. Am meisten tritt dies zutage in den beiden schönen heiligen Familien der Pinakothek, von welchen die Maria mit dem Kind und dem Knaben Johannes freilich sehr nahen Anschluß an die Venezianer zeigt, während die Ruhe auf der Flucht, welche unsere Tafel gibt, von höchstem intimen Reiz ist. Die Schönheit des an der Brust der Mutter schlafend hingegossenen Kindes, wie der mütterlich süße Ausdruck Mariens sind bezaubernd und würden bei Rubens schwerlich eine Parallele finden. Auch im koloristischen Vortrag entfernt sich der Künstler entschieden von seinem Meister, dem eine ähnliche Weichheit widerstrebt haben würde. Das Bild stammt aus der kurbayrischen Galerie.

F. R.

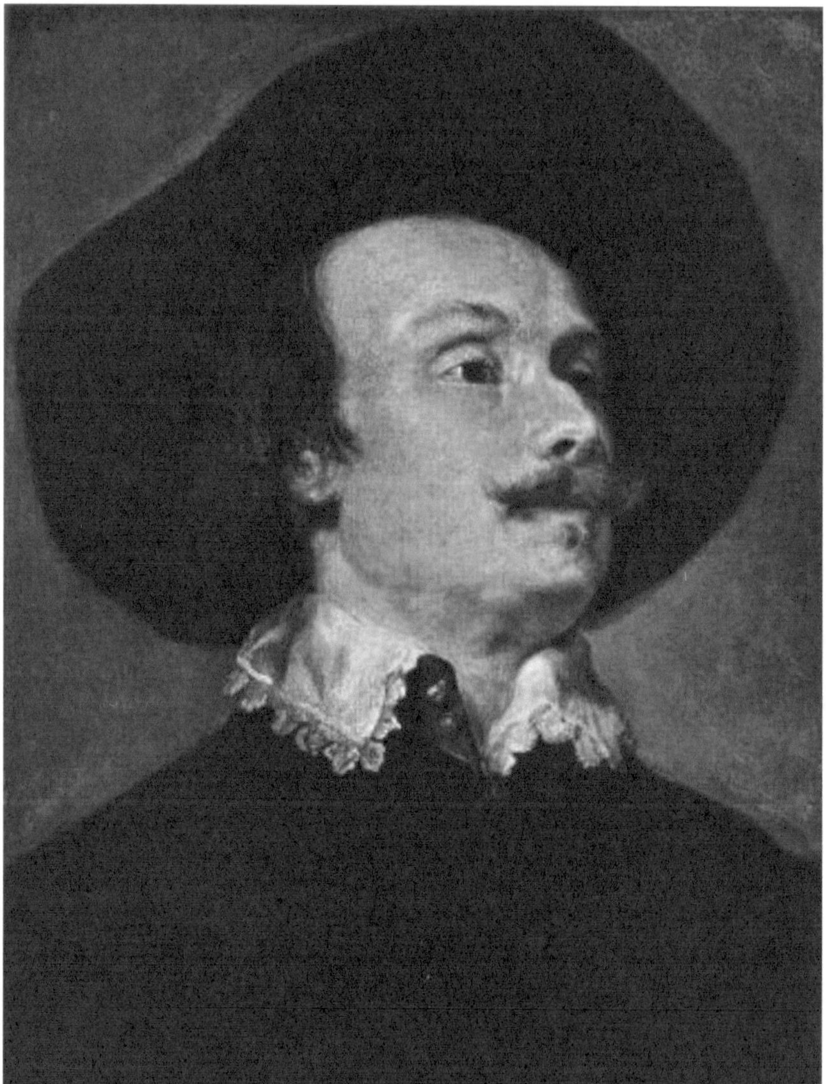

Anthonis van Dyck

(1599—1641)

Bildnis des Pieter Snayers

Holz, 28×21 cm

Die besten Bildnisse van Dycks sind im ganzen diejenigen, in welchen der Meister nicht der charaktervollen Naturwahrheit durch das Bestreben Eintrag tat, die Erscheinung der Dargestellten ins Vornehme und Elegante zu steigern. Dies Bestreben war freilich von vornherein in seinem Wesen begründet, aber es lag auch besonders nahe, wenn es sich um Bildnisse aus Aristokraten- und Hofkreisen handelte. Je mehr indes diese schmeichelnde Art die Modelle befriedigte, desto mehr gewöhnte er sich daran, auch im bürgerlichen Bildnis, wie an den Künstlerportäts eines Hendrik Liberti und Karel Malery oder an dem Kaufmannspaar Leerse derselben Tendenz zu huldigen, und zwar nicht bloß wie bekannt in den typisch koketten Händen mit den zierlichen und weichlichen Fingern, sondern in der Haltung und dem Ausdruck der Köpfe. Wir ziehen deshalb, um nur Werke der Pinakothek zu nennen, die Familienbildnisse eines Jan de Wael und eines Colyn de Nole vor, in welchen der Meister den ihm befreundeten Genossen gegenüber bei voller und unverkünstelter Naturwahrheit blieb. Zu diesen ungezwungenen und durchaus erfreulichen Werken gehört auch das Bildchen seines Landsmannes, des Schlachtenmalers Pieter Snayers. Geboren 1592 war dieser als Schüler des Sebastian Vrancx 1613 Freimeister der Antwerpener Malergilde geworden. Obwohl er, nachdem er Brüsseler Hofmaler geworden, 1628 dahin übersiedelte, war er doch zu Familien- und Freundesbesuchen bis an seinen Tod 1667 oft in seine Heimatstadt zurückgekehrt, so daß keineswegs feststeht, das Bild von van Dyck könne nur zwischen 1626 bis 1628 gemalt sein, wie auch ein gemeinschaftlich von Snayers und van Dyck hergestelltes, vom letzteren unvollendet gebliebenes Werk der alten Pinakothek, Nr. 832, die Schlacht bei Martin d'Eglise darstellend, späteren Ursprunges zu sein scheint. Das brillant gemalte Bildnis, bei dem es auch nicht ausgeschlossen erscheint, daß van Dyck es unter dem Bann eines Halsschen Werkes ausgeführt, läßt auf einen etwa vierzigjährigen Mann schließen. Das Bild stammt aus der Mannheimer Galerie.

F. R.

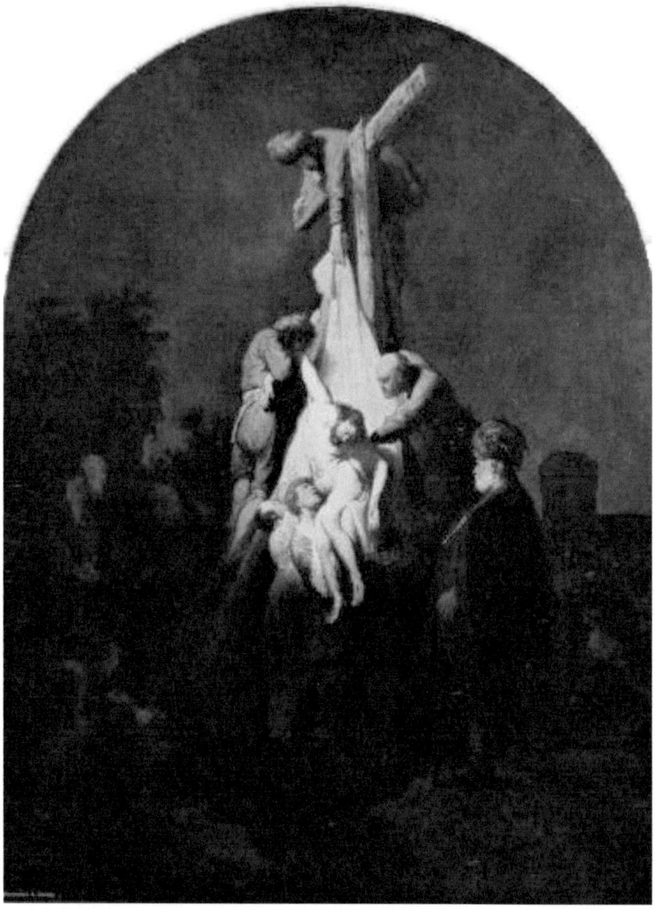

Rembrandt Harmensz van Rijn

(1606—1669)

Die Kreuzabnahme

Holz, 89×65 cm

Die Kirchenkunst, welche mehr als ein Jahrtausend hindurch die Malerei fast ausschließlich beschäftigt hatte, verlor in den reformierten Niederlanden naturgemäß ihren Boden. Aber abgesehen von der noch glimmenden Tradition religiöser Stoffe, welche die Phantasie der Künstler noch immer erregen mußte, bot die heilige Schrift zu viele malerische Objekte, um sich derselben ganz entschlagen zu können, auch wenn das Werk keine Stelle mehr in der Kirche selbst fand. Freilich wurden jetzt genrehaft gedachte Szenen aus dem Alten Testament beliebter, während vom Neuen die Gleichnisse das Übergewicht über die Passionsdarstellungen erlangten, die Marienbilder aber begreiflicherweise gänzlich verschwanden. Der Christuszyklus, den Rembrandt für den Statthalter der Niederlande, Prinz Friedrich Heinrich, malte, hat demnach in der holländischen Kunst eine gewisse Ausnahmestellung, obwohl die kleinen Dimensionen jede Kirchenverwendung ausschlossen. Übrigens war der zyklische Charakter nicht von vornherein beabsichtigt, denn nur zwei der sechs Bilder, nämlich die Kreuzaufrichtung und die Kreuzabnahme, stammen vom Jahre 1633, die Himmelfahrt Christi von 1636, die Grablegung und Auferstehung von 1639, während das dem Inhalte nach erstreihige Bild, die Anbetung der Hirten, sogar erst 1646 entstand. Daß die Zusammengehörigkeit von vornherein nebensächlich, erhellt auch aus dem Umstand, daß von den ersten 1633 gemalten Bildern das eine auf Holz, das andere auf Leinwand gemalt ist. — Die Kreuzabnahme, welche unsere Tafel darstellt, darf als das beste der Reihe bezeichnet werden, wie es auch an Reife des künstlerischen Systems den Meister bereits auf voller Höhe zeigt, obwohl dieser damals erst 27 Jahre zählte. Bei entschiedenem Realismus, der ebenso in der Komposition wie in dem Leichnam Christi, in den arbeitenden Leuten und in dem nebenstehenden beleibten Nikodemus zutage tritt, ist die Tendenz einer auf die Hauptsache konzentrierten Lichtwirkung bei Helldunkel-Abdämpfung der ganzen Umgebung prachtvoll durchgeführt, selbst mit der Entsagung, bei der sonst höchst empfindungswahren Kreuzgruppe die zusammengebrochene Mutter im Dunkel fast versinken zu lassen. Das herrliche Werk, in großem Maßtabe von Rembrandt modifiziert wiederholt (Eremitage in St. Petersburg), gelangte mit den fünf anderen der Serie in den Besitz des Kurfürsten Johann Wilhelm von der Pfalz und mit der Düsseldorfer Galerie 1806 nach München.

F. R.

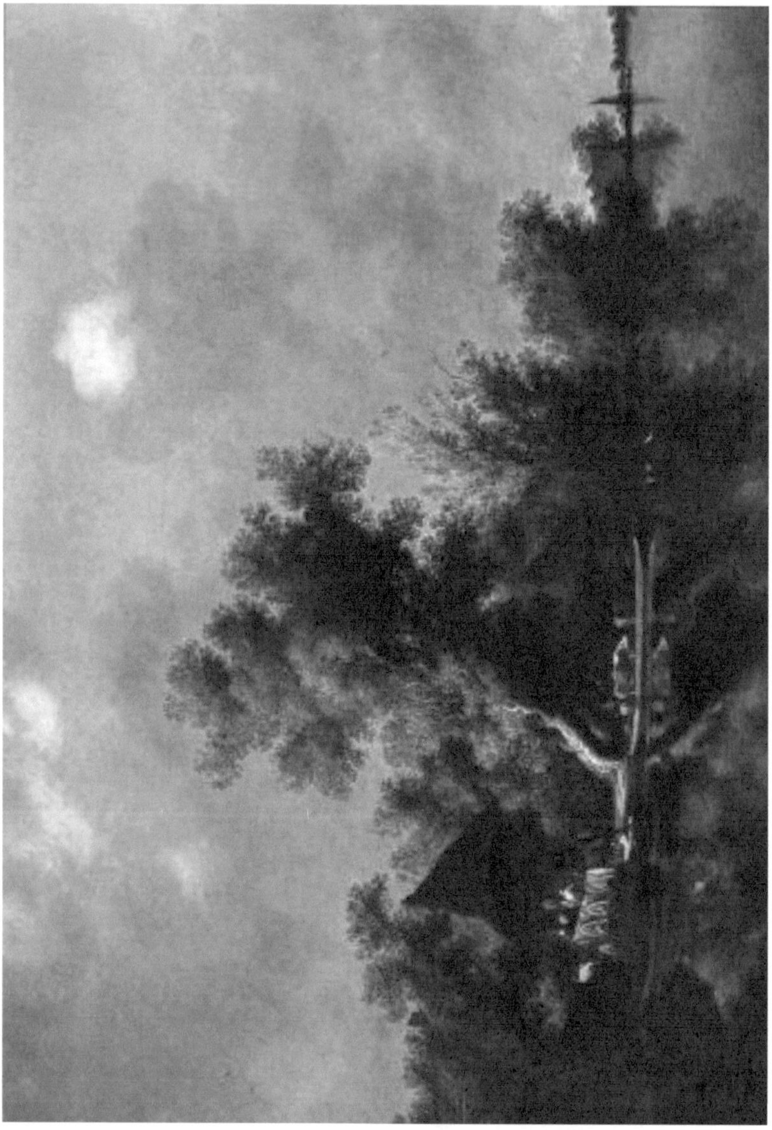

Salomon van Ruysdael

(1623—1670)

Die Fähre

Holz, 65×93 cm

Im allgemeinen steht bekanntlich Salomon van Ruysdaels Kunst hinter der seines nur um fünf bis sechs Jahre jüngeren Neffen Jacob zurück. Der letztere hatte auch das Glück, in den Werken seines Vaters Isack den Weg vorgezeichnet zu finden, der ihn berühmt machen sollte als Darsteller des Dünenbodens und der Baumwelt, während Salomon ebenso von den Härten seines ersten Lehrers Esaias van de Velde wie von der braunen Farblosigkeit seines zweiten, Jan van Goyen, sich mühsam loszuringen hatte. Allein in dem köstlichen Bilde, von welchem unsere Tafel eine Nachbildung gibt, erreicht Salomon die volle künstlerische Höhe seines Neffen, ja überbietet sie durch den elementaren Naturreiz seines Kanalbildes. Die braune Eintönigkeit eines Goyen ist in einem duftig feuchten Grün aufgegangen, das durch seine Taufrische wohlig anmutet und das Bild zu einem der schönsten des Meisters erhebt. Die prächtige bewölkte Luft, die malerische Gruppierung der Bäume und besonders der alten mächtigen Ulme am Ufer, die dunkle Tonigkeit der unter den Bäumen versteckten Hütten, die Spiegelung in dem ruhigen, träg fließenden Wasser, die Fernsicht über das niedrige Kanalgelände sind in unübertrefflicher Einheit und Harmonie wiedergegeben. Und in diese Einheit fügt sich zwanglos die Staffage, die Fähre, welche mit Vieh besetzt vom Ufer abstößt, wie der mit Landleuten gefüllte Bauernwagen, der eben angekommen der Rückkehr der Fähre zu harren scheint. Die unglaublich naturwahre und doch so idyllisch poesievolle Szenerie begegnet uns noch jetzt in den Kanalgebieten Hollands, mit geringer Modifikation eine ähnliche Stimmung erweckend. Das Bild stammt aus der kurfürstlichen Schloßgalerie in München

F. R.

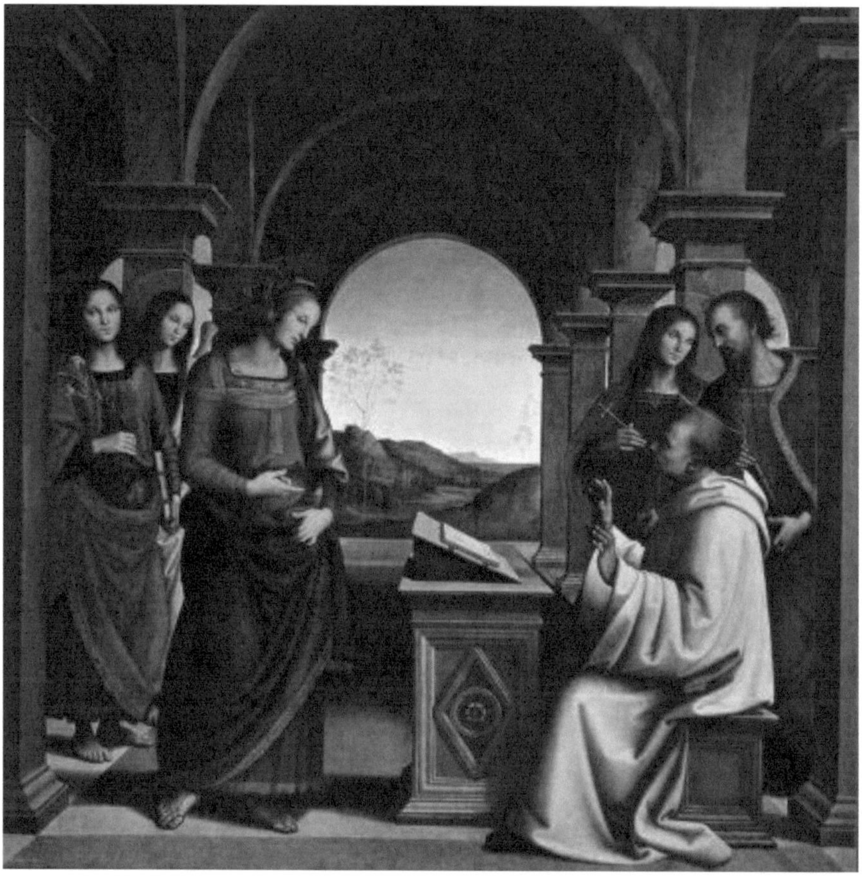

Pietro Vanucci, gen. Perugino

(1446—1524)

Die Vision des hl. Bernhard

Holz, 73×165 cm

Es handelt sich hier nicht bloß um ein unzweifelhaftes, sondern um eines der schönsten Werke Peruginos. Die Härten seiner Lehrer Piero de la Francesca und Verrocchio sind unter Rückkehr zur jugendlich zarten Empfindung der umbrischen Richtung, wohl auch unter dem Einfluß der Ghirlandajo, Benozzo, Lionardo und Bartolommeo aufgegeben, während der Meister auch noch nicht dem Schablonismus verfallen ist, der uns an den Arbeiten seiner späteren Jahre (man vergleiche das in der Pinakothek nebenan aufgestellte Bild, Maria mit den hh. Johannes Ev. und Nikolaus das Kind adorierend) verstimmt. Wir setzen die Entstehungszeit des Werkes in jene Periode des Meisters, in welcher Raffael nach Perugia kam, somit in die Zeit des Cambio von Perugia, der Himmelfahrt Mariä in der Akademie zu Florenz, des Sposalizio in Caen, der Auferstehung Christi im Vatikan, der Madonna mit Heiligen in der Nationalgalerie zu London. Wir glauben auch, daß manche Inspiration des jungen Urbinaten von diesem Werke ausging, sowie dies der Sposalizio (Mailand) und die älteren Madonnen zeigen. Gewiß ist der enge Anschluß Raffaels an seinen Lehrer durch nichts klarer belegt, als durch den Vergleich der Frühahrbeiten Santis mit dieser Schöpfung Peruginos. — Die Vision des hl. Bernhard ist häufiger Gegenstand der Darstellung italienischer Kunst. An unserem Bilde aber ist der Raum als Renaissance-Pfeilerhalle mit reizvollem Ausblick auf eine umbrische Landschaft trotz strenger Symmetrie am schönsten durchgeführt, vielleicht von einem Florentiner Architekten gezeichnet, wie das Interieur der raffaelischen Schule von Athen sicher auf Bramante zurückgeht. Links nahen in vollendeter Anmut und Züchtigkeit Maria mit zwei Engeln im Gefolge, während rechts vom hl. Bernhard die hh. Johannes Ev. und Bartholomäus mit ihren Attributen, Kreuz und Messer, assistieren. Das Bild, vielleicht für die Cappella Nasi in S. Spirito zu Florenz gemalt, gelangte 1830 von der Familie Capponi in den Besitz des Königs Ludwig I. und ist königl. Privateigentum geblieben. Es ist zwar gereinigt, aber im Gegensatz zu Cavalcaselles Behauptung, daß es durch Restauration beeinträchtigt sei, von tadelloser Erhaltung, wenn auch ein vor etwa 20 Jahren sich erweiternder senkrechter Riß geschlossen werden mußte. In der Cappella Nasi von San Spirito befindet sich noch eine alte Kopie des Werkes, von Vasari (Milanesi IV. S. 237) irrtümlich als Werk des Raffaellino del Garbo bezeichnet. F. R.

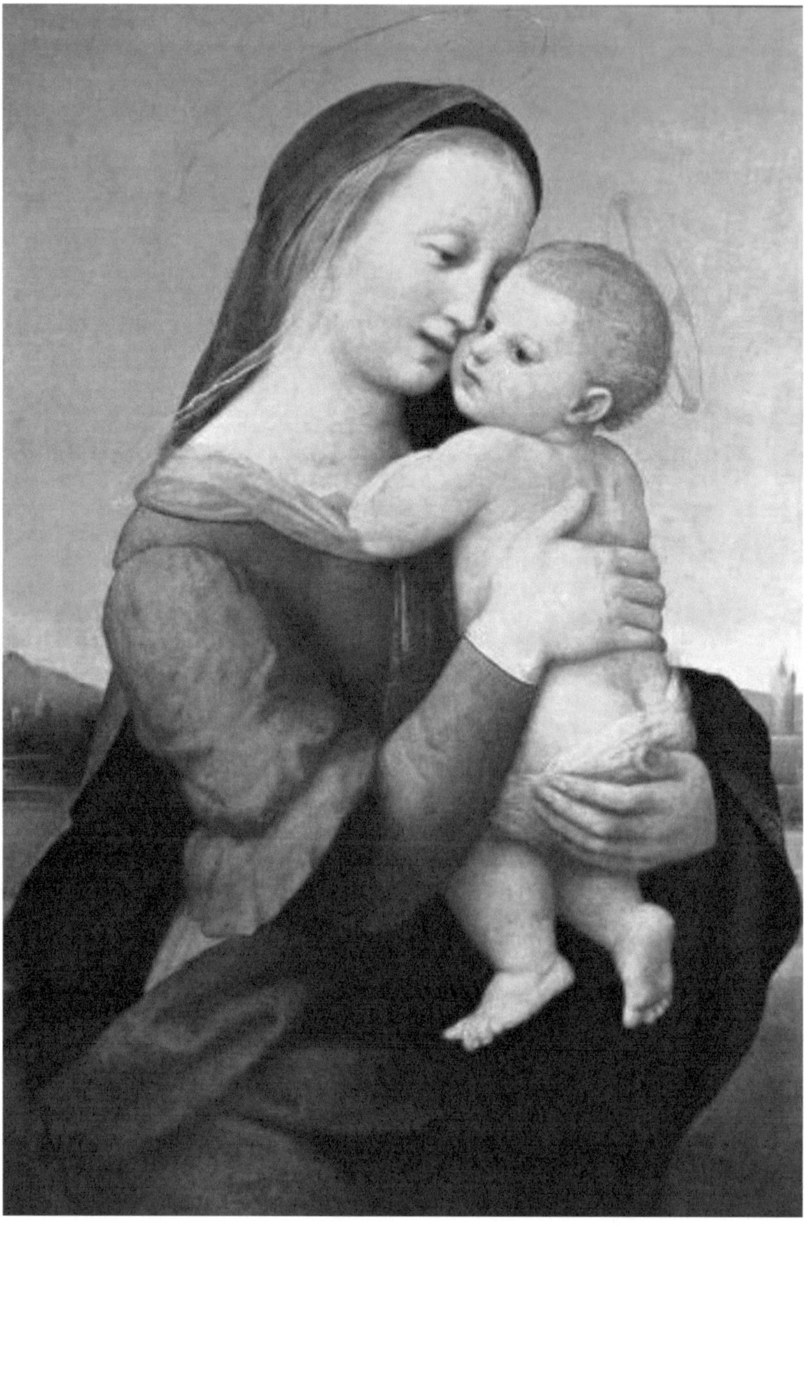

Raffaello Santi

26

(1483—1520)

Madonna Tempi

Holz, 77×53 cm

Das Bild entstand in der Zeit der Wirksamkeit des Meisters in Florenz, 1500—1509, und ist nächst der Madonna del Granduca wohl die schönste unter den Halbfiguren-Madonnen des jungen Meisters. Über das, was er von seinem Lehrmeister Perugino gelernt hat und lernen konnte, geht er hier, von seinem Schülerverhältnis gelöst, schon ziemlich weit hinaus, namentlich von dem Traditionellen und Schematischen der umbrischen Schule sich befreiend. Erscheint es doch überraschend, daß er schon damals bei den häufigen Madonnenaufträgen sich nie wiederholt, sondern stets von einer neuen Komposition ausgeht, ohne doch bei bleibender idealer Auffassung zu eigentlichen Modellstudien zu greifen. Der zarte Reiz der jugendlichen Mutter, die das Kind mit beiden Händen innig an sich drückt, die göttliche Hoheit des ernst aus dem Bilde blickenden Kindes, all den drallen Kinderköpfen des florentinischen Quattrocento von Filippo Lippi bis Ghirlandajo weit überlegen, das anspruchlose Kolorit, die klare einfache Landschaft erheben das Werk zu den Perlen des ersten Jahrzehnts des Cinquecento. — Das Bild scheint frühzeitig in den Besitz der Familie Tempi in Florenz gelangt zu sein, in welchem es auch bis 1829 verblieb. Es hatte den Kronprinzen Ludwig von Bayern ein langes Werben gekostet, das Kleinod sich eigen zu machen. Denn sein erstes Begehren (Brief an Dillis vom 21. Sept. 1808) geht um nicht weniger als 20 Jahre zurück, von diesem Tage an wandern wenige Briefe des enthusiastischen Kunstfreundes nach Italien, ohne die Erwerbung zu betreiben, wobei die sich ergebenden Schwierigkeiten, ja zeitweise sogar die Hoffnungslosigkeit der Agenten des Prinzen dessen Verlangen nur steigerten. Er wendet sich in persönlichen Briefen an den Großherzog von Baden, um die Pension seines Agenten, des Kupferstechers Metzger, zu verlängern und dadurch diesen in Florenz zu halten, scbreckt selbst vor angeratenen Bestechungen nicht zurück, und steigert schließlich sein Angebot von 6000 auf 16000 Scudi romani. Am 9. Februar 1829 wurde endlich der Kauf abgeschlossen. (Reber, Jahrbuch für Münchener Geschichte III. 1889). Der glückliche Erwerber behielt dann das Bild bis 1835 bei sich in der Cäcilienkapelle der k. Residenz, wie es auch nach der Ausstellung in der Pinakothek königliches Privateigentum verblieb. — Der Karton zu dem Bilde, in Kohle auf grauem Papier gezeichnet und weiß gehöht, befindet sich im Musée Fabre zu Montpellier.

F. R.

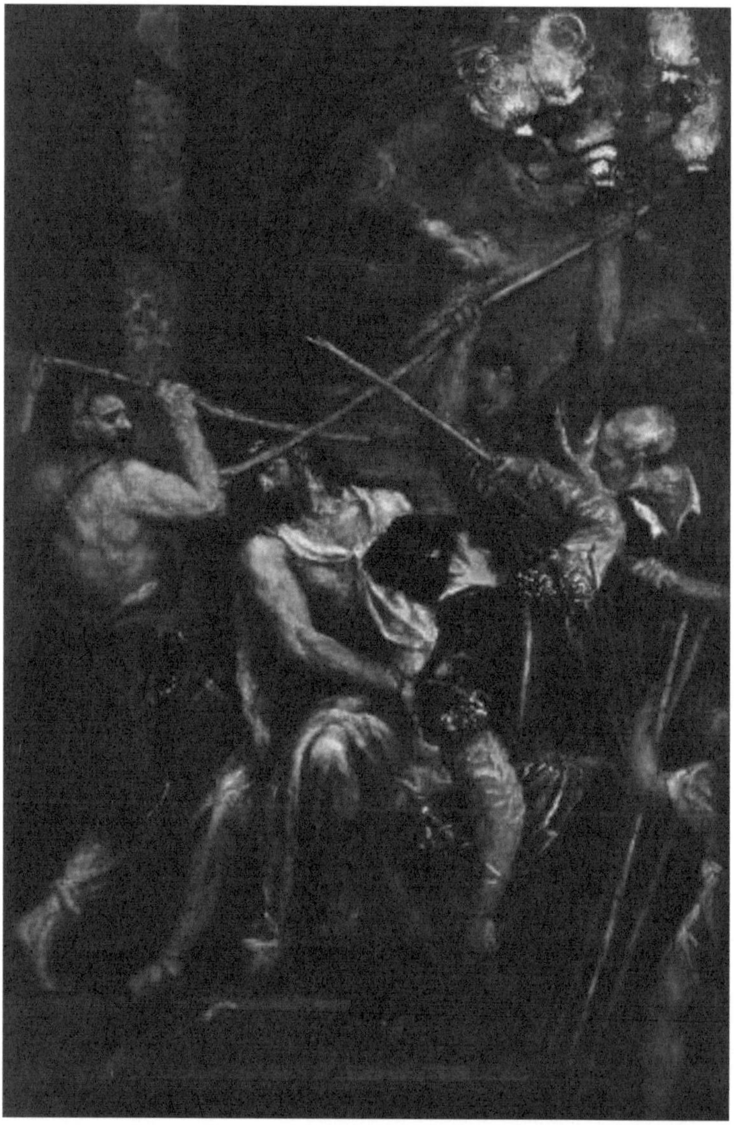

Tizian Vecellio

27

(1477–1576)

Die Dornenkrönung

Leinwand, 280×181 cm

In einer Halle, die von den flackernden Pechflammen einer fünfarmigen Hängelampe unruhig erleuchtet wird, sitzt in weißem Mantel Christus auf den Stufen. Drei Knechte drücken ihm mit Stäben die Dornenkrone an das Haupt. Alle Gestalten sind von ungemein kräftiger Körperbildung und in heftigen Bewegungen begriffen, als hätte sie Michelangelo gezeichnet. Vorne rechts steht ein Knabe mit Schilfrohren im Arm, und vor Christus kniet ein schmucker Hellebardier, dessen Kleidung allein aus dem bräunlichen Helldunkel farbig aufleuchtet. In dem tiefen Ernst dieser Darstellung, in dem Ausdruck des Leidvollen, auch in der Zeichnung der Körper mit ihrer stark betonten physischen Kraft und Bewegung, kurz in diesem späten, farblosen Tizian erkennen wir den Maler der Assunta und der Madonna von Pesaro nicht wieder. Es ist ein Werk seines Altersstils, eines seiner allerletzten, nach einer Darstellung im Louvre von 1560 mit Veränderungen wiederholt. Einiges davon ist von Palma Giovine, seinem jüngsten Schüler, nachträglich ausgeführt worden. Wir bewundern diesen Altersstil, schon weil er uns ganz neue Seiten an Tizian zeigt, aber wir halten ihn nicht für das Höchste, nur weil er in seiner Entwickelung das Letzte gewesen ist. Ihre Mittagshöhe hat die venezianische Malerei mit dem Tizian erreicht, wie er bis 1550 geworden war.

Adolf Philippi

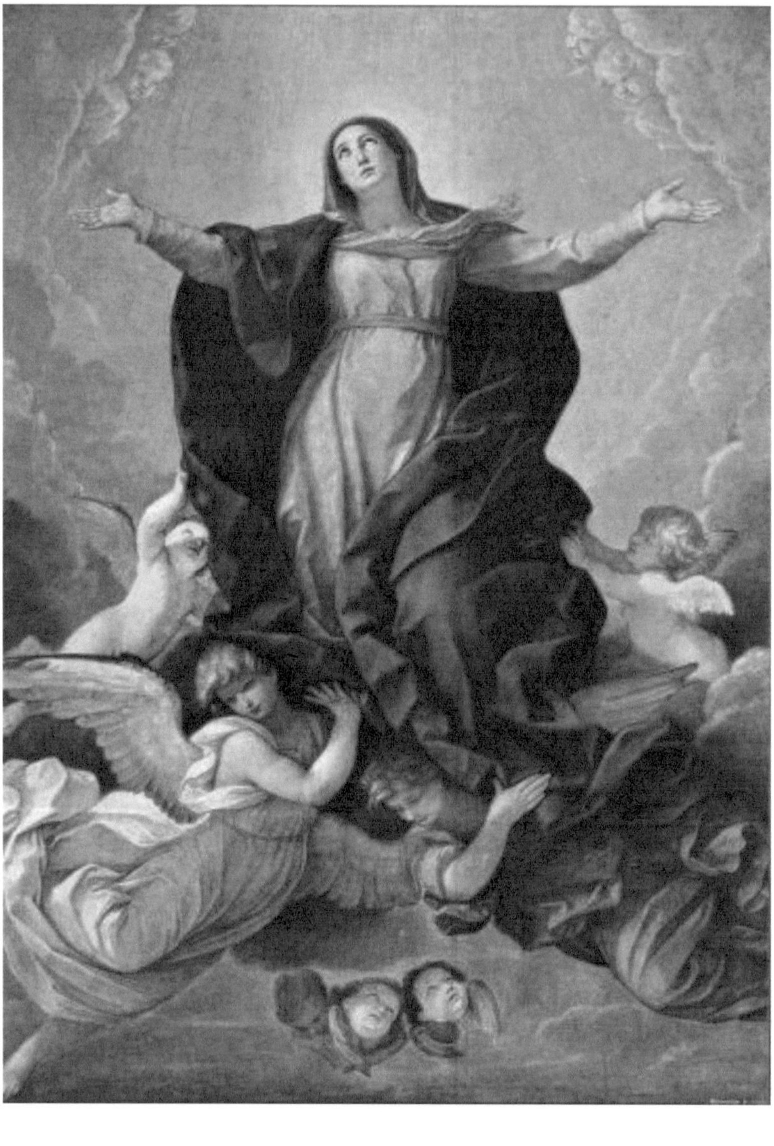

Guido Reni

28

(1575—1642)

Die Himmelfahrt Mariä

Seide, 290×204 cm

Die neuere Zeit steht den Leistungen der Bologneser Schule mit Recht sehr skeptisch gegenüber. War auch das Programm der Caracci im ganzen gesünder als jenes der manieristischen Nachtreter der einzelnen großen Cinquecentisten, so haftet doch auch jenes in zu unselbständiger und auch zu äußerlicher Weise an den kombinierten Vorbildern, statt die eigene Individualität zur Geltung zu bringen. Kommen daher auch keine eigentlichen Genies, wie gleichzeitig in den Niederlanden und in Spanien, zum Durchbruch, und krankt auch das italienische Seicento dem überschöpferischen, vorausgegangenen Jahrhundert gegenüber an einer gewissen Erschöpfung, so begegnen uns doch auch in dieser Zeit noch tüchtige Talente, von welchen Annibale Caracci und Guido Reni in erster, Domenichino und Guercino in zweiter Reihe eine immerhin achtungswerte Stelle fernerhin beanspruchen können. Mag man auch in Renis Himmelfahrt Mariä das Kalligraphische der Zeichnung, das Akademische der Komposition und die Leerheit der Körperformen fühlen, so bleibt doch dem Ganzen ein empfindungsvoller Inhalt, ein dithyrambischer Schwung und ein Hauch von Idealität und Poesie, die uns selbst in der Gegenwart nicht kalt lassen, soweit sich auch die modernen Anschauungen davon entfernt haben. Es ist ein wirkliches Emporschweben in weichem Linienspiel und eine ausdrucksvolle verzückte Seligkeit, die den unleugbaren Akademismus verklärt und entschuldigt und über manche leere Formel wie über die koloristischen Schwächen hinweghilft. Freilich wirkt der Zauber mehr auf die Massen als auf den Kenner, doch kann auch dieser sich dem Effekt kaum verschließen. Und obwohl Renis Himmelfahrt Mariä unter jener des Correggio in der Domkuppel zu Parma steht, so klingt sie doch an die letztere an in ihrer Bewegung Luftigkeit und sonnigen Verklärung. Als das Bild mit dem Brautschatz der Maria Loisia von Medici, der Gemahlin des Kurfürsten Johann Wilhelm von der Pfalz, zugleich mit Raffaels Madonna Canigiani und Sartos herrlicher heiligen Familie nach Düsseldorf gelangte, erfreute es sich mit den letzteren gleicher Wertung, es erscheint daher jedenfalls geboten, dieser Überschätzung keine allzuschroffe Unterschätzung gegenüberzustellen. Das Bild gelangte 1806 aus der Düsseldorfer Galerie nach München.

F. R.

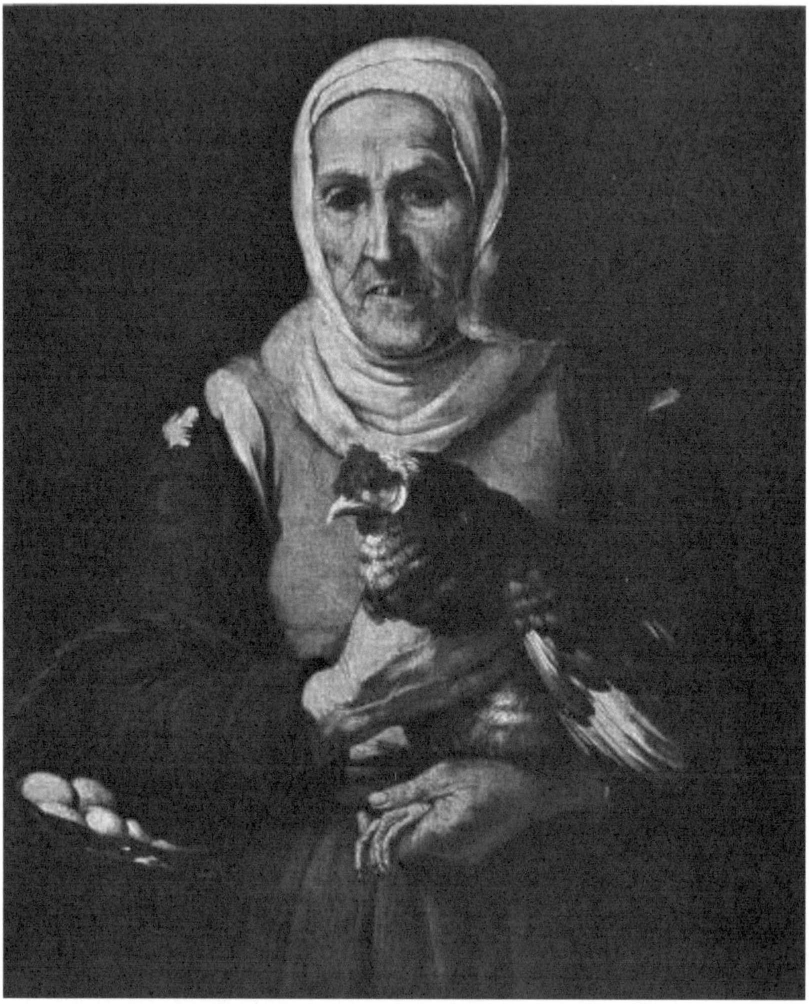

Josepe de Ribera gen. Spagnoletto

(1588—1652)

Die alte Hökerin

Leinwand, 77×63 cm

Drastischer konnte das Wesen der neapolitanischen Schule nicht zum Ausdruck gebracht worden, als durch zwei Werke des Ribera der Münchener Galerie, den hl. Onuphrius (Kat. Nr. 1285) und die Hökerin mit Henne und Eierkorb (Kat. Nr. 1282), das erstere Bild einen ausgemergelten Greis, das letztere ein überaltes Weib aus dem Volke darstellend. Hatte schon der Begründer der Schule, Caravaggio, den Gegensatz gegen den Idealismus der Manieristen des 16. und der Caraccisten des 17. Jahrhunderts bewußt und so scharf betont, daß sein Realismus sogar mit kirchlichen Bestellern in Konflikt geriet, so schwelgte der Spanier Ribera, der nach seiner Schule bei Ribalta in Valencia seine Ausbildung bei Caravaggio vollendete, geradezu in der Darstellung des Greisenhaften, Herabgekommenen, Sterbenden und Toten bis zur beginnenden Verwesung. In dieser Erstreckung eine Verirrung, erlangte doch das Programm eine schwerwiegende Bedeutung durch Wahrheit und technische Meisterschaft, durch Energie von Form und Farbe, wie sie, abgesehen von Venedig, damals in Italien verloren war. Indes lag Ribera nichts ferner, als Abschreckendes oder Gemeines. So vermochte er mit seinem Lehrer Caravaggio und seinem Schüler Salvator Rosa dem schalen Schablonentum der Manieristen und Bologneser einen Damm entgegenzustellen, welcher der verwässerten Nachtreterei und dem hohlen Idealismus Schranken setzte. Es wäre wohl auch möglich gewesen, dieses Ziel zu erreichen, ohne sich überwiegend auf die Darstellung des Greisenhaften zu werfen, gewiß aber ist, daß die heilende Wirkung der Rückkehr zur Natur eine um so durchschlagendere war, als die gewählten Objekte selbst sich im Gegensatz zu der jugendlichen männlichen und weiblichen Schönheit der traditionellen Kunst jener Zeit befanden. Kein Wunder, daß das neue Programm der Originalität und Naturwahrheit bei dem des reproduktiven Elements der Epigonen der klassischen Epoche müden Publikum Anklang fand. Mit dem Anschlag dieser neuen Note war der Individualität in der Kunst der Weg gebahnt und die Voraussetzung zu einem Velazquez gegeben. — Die Abbildung ersetzt die Beschreibung des Bildes. Das arme schlechtgenährte Weib, im Gesicht verfallen und runzelig, matten Blickes und zahnlückig, aber mit einer gewissen Wehmut in den Zügen, mit der sie die alte Henne, die Genossin und die jetzt unproduktiv gewordene Ernährerin dahingibt, ihren Schatz mit den beiden derben, abgearbeiteten Händen an sich drückend, könnte kaum wahrer und eindrucksvoller zur Darstellung kommen. F. R.

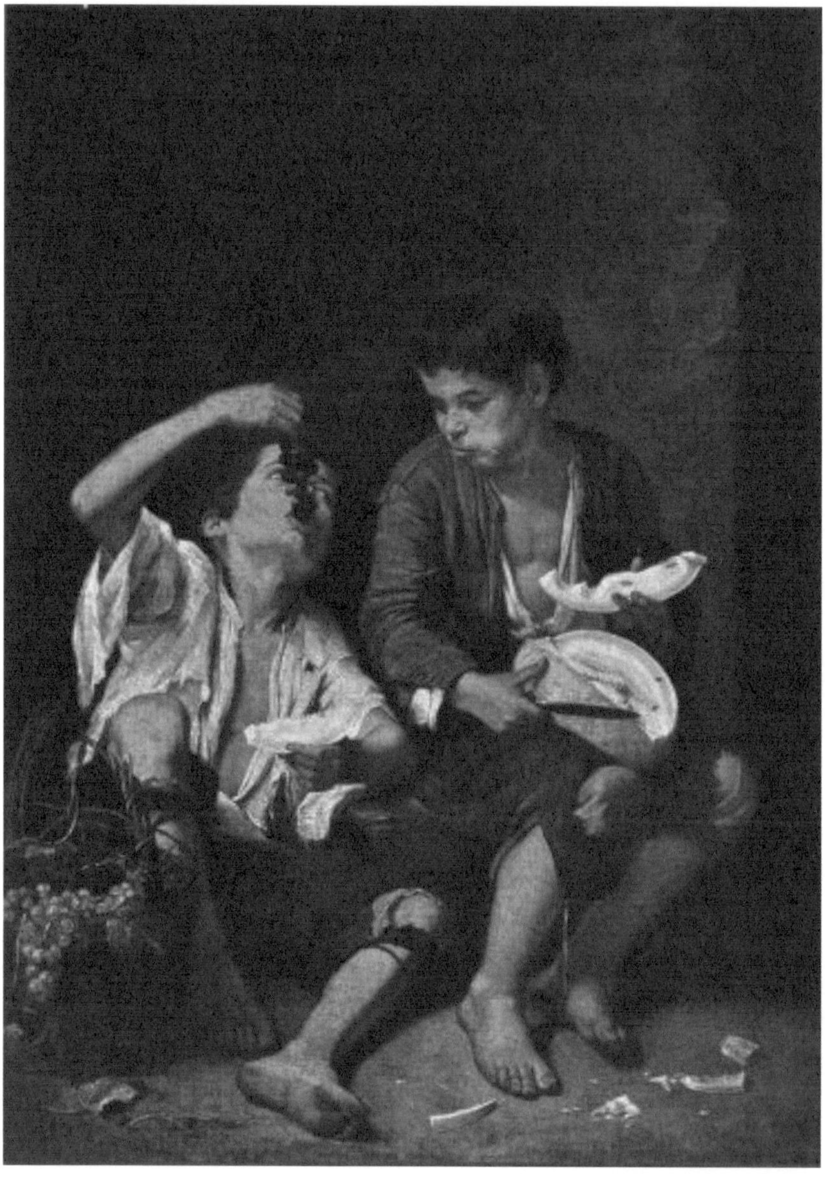

Bartolomé Estéban Murillo

30

(1617—1682)

Die Melonenesser

Leinwand, h. 1,44; br. 1,01 m

Der feine und weiche Murillo, der unter allen spanisches Malern am meisten Poetisches hat, liebt auch besonders die Kinder, wie es Tizian, Rubens und van Dyck taten. Ganz klein treffen wir sie als Wolkenengel auf seinen Madonnenbildern und bei den Visionen seiner betenden Heiligen. Dann, in etwas vorgerücktem Alter, als Christus und Johannes, manchmal von geflügelten Spielkameraden begleitet, ganz wie bei Rubens. Und nun kommen noch die Gassenbuben und die Mädchen aus dem Volke, ohne jede höhere Einkleidung, so wie sie leiben und leben, unbeobachtet, sprechend natürlich, meistens in Lumpen und auch wohl ein wenig schmutzig, aber immer zufrieden und seelenvergnügt. Das sind seine Genrebilder. Und sie haben Murillo, dessen Herz doch zuerst der religiösen Kunst angehörte, am meisten populär gemacht. Die Münchener Pinakothek besitzt ihrer fünf, schon seit Alters, und das hier mitgeteilte (Galerienummer 1304) ist das beste. Diese Gassenjungen sind nicht gerade individuell, weil Murillo kein Porträtist war, aber sie sind doch als Gattung echt und überzeugend, und in ihrer ganz modernen Gegenständlichkeit bedürfen sie keiner Erklärung. Die klassischen Italiener lieben das profane Genrebild nicht, wir finden erst bei Caravaggio, Ribera und Salvator Rosa die Anfänge davon. Murillo führt es weiter, gleichzeitig mit den Holländern. Aber seine Art ist anders. Er ist niemals derb, er gibt uns sodann immer das ruhige Dasein, und er umgibt es bei aller Naturtreue doch noch mit einem Duft von Poesie, so daß man ein solches Genrebild nicht leicht für niederländisch halten würde. Auch hat Murillo lebensgroße Figuren, die bei den Nordländern selten sind. Und nun bewundere man die ungemeine Kunst der Lichtführung und der Farbenwirkung, den sicheren Pinselstrich und die naturwahre Wiedergabe alles Stofflichen.

Adolf Philippi

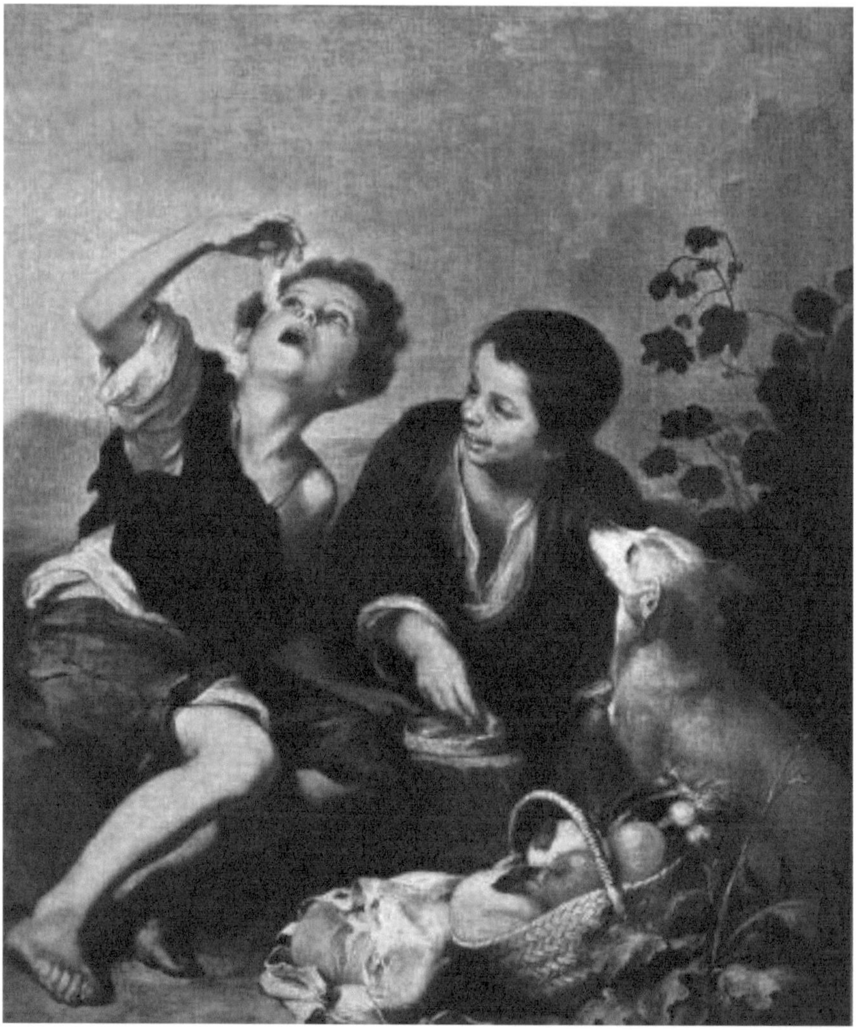

Bartolomé Estéban Murillo

(1617—1682)

Die Pastetenesser

Leinwand, 144×101 cm

Als Schüler des letzten der spanischen Italianisten Juan del Castillo hatte der bitterarme Waisenknabe Murillo nach dem Abgang seines Lehrers nach Cadix seine Laufbahn mit schnöder Brotarbeit für Dorf und Kolonien begonnen, unbemerkt in seiner stolzen Heimat Sevilla. Höhere Ansprüche scheinen ihm erst erwacht zu sein, als sein zurückgekehrter Landsmann Pedro Moya ihn angeregt, in Madrid weitere Studien zu machen, welche denn auch der fünfundzwanzigjährige Künstler auf Velazquez' Rat mit Eifer in den königlichen Sammlungen betrieb. Dabei ließ er die älteren italienischen Meister, unter deren Eindrücken er seine erste Schule gemacht, unberührt, während Ribera, Velazquez und Rubens ihm den Weg zur Natur wiesen, diametral entgegensetzt jenem, welchen er in der Lehre des Juan del Castillo gewandelt war. Der Funke des eigenen Genies lies es jedoch nicht zu, den Bahnen dieser unselbständig zu folgen, und so blieben auch nach seiner Rückkehr seine Naturstudien sevillanisch, aus der Schilderung des Volkslebens, wie es ihn umgab und wie es ihm von Kindesbeinen an nahegestanden, beruhend. Er mochte sich selbst des Aufgehens in diesen Studien freuen und in ihnen einen Born seiner Entwickelung und vollen Ausbildung erkennen, weshalb er sie, worin ihm freilich Velazquez vorangegangen, über Studien und Skizzen weit hinausführte und unbeschadet seiner Stellung als Kirchenmaler zu vollen Bildern erhob. Dieses Kindergenre hatte mit der niederländischen Genremalerei weder inhaltlich noch technisch irgend etwas gemein, und verhält sich dazu vielmehr gegensätzlich, nämlich ebenso als Kinderleben städtischer Vorstädte zu dem Kneip- und Raufgenre holländischer Bauern, wie als lebensgroßes Gruppenbild mit wenigen Figuren zu den kleinen, figurenreichen, lärmenden Scherzbildchen eines Brouwer und Ostade. Unser Bild zählt zu den gelungensten Genredarstellungen aller Zeiten. Die beiden Sevillaner Betteljungen überbieten sich an harmloser Natürlichkeit und Wahrheit.

F. R.

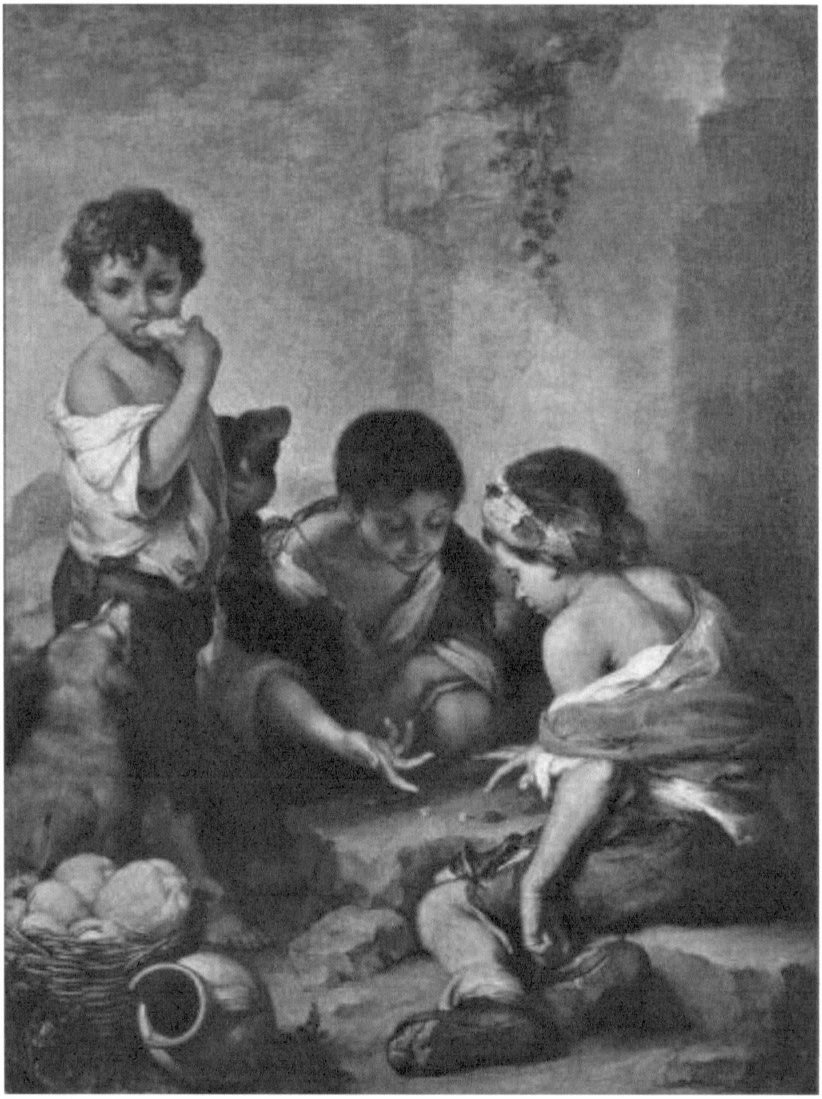

Bartolomé Estéban Murillo

(1617—1682)

Die Würfelspieler

Leinwand, 145×107 cm

Man hat mit Recht gesagt, daß Murillo, einer der hervorragendsten Kirchenmaler aller Zeiten und von seiner frommen Mission durchdrungen wie wenige Künstler, den Himmel auf die Erde gezogen habe. Seine Heiligen sind schlichte, fromme Menschen, und selbst seine Engel, wie in der Engelküche des hl. Diego aus S. Francisco in Sevilla (jetzt im Louvre), könnten, irdisch gesund, wie sie sind nach Körperbau und Gehaben, der Flügel leicht entraten. Sein Realismus aber steigert sich, wenn sich bei Wunderdarstellungen hilfsbedürftige Sterbliche mit den Heiligen verbinden, so wie dies unter anderem bei der Armenspeisung und der Armenspende aus dem Zyklus der Diego-Legende v. S. Francisco in Sevilla, bei der hl. Elisabeth in der Akademie zu Madrid und bei dem Wunder des hl. Thomas von Villa nueva in der Pinakothek zu München sich findet. Dabei fehlt unter den verschiedenen Altern auch das Greisenhafte nicht, aber es begegnet uns nie in der abstoßenden Hospitalgestalt der Gemälde Riberas. Am besten freilich erscheint der Meister der harmlosen und genügsamen Bettelhaftigkeit essender, spielender oder sonst geschäftiger Kinder, sowohl im Einzelbildnis, wie in dem lächelnden Blumenmädchen von Dulwich Castle und in der Eremitage von St. Petersburg oder in dem Knaben mit dem Hund der letzteren Sammlung, wie auch in Gruppen von zwei oder drei Figuren, von welchen München die entzückende Reihe von fünf Gemälden besitzt, nämlich die Melonenesser, die Pastetenesser, die geldzählenden Mädchen, den mit dem Hunde spielenden Knaben, den die Großmutter betreut, und die würfelnden Kinder, welches letztere Bild unser Blatt wiedergibt. Die gespannte Versenkung der beiden spielenden Kinder in die momentane Chance der gefallenen Würfel, ihre bezeichnende Gebärde, die gänzlich ungesuchten Stellungen sind ebenso bewundernswert, wie die Teilnahmslosigkeit des links stehenden Jungen, der auch das begehrlich zu dem Imbiß des Knaben emporblickende Hündchen ignoriert. Auch das Beiwerk, der Früchtekorb und der zerbrochene Krug, ist von bewundernswert wahrer Durchbildung. — Von Kurfürst Max Emanuel aus dem Besitz des Gisbert van Ceulen erworben. F. R.